Ek is maar ene

Deur dieselfde skrywer:

Tiendes van anys (1962)

Rang in der staten rij (1979)

Systap onder die juk (1982)

Serfontein-atlas (1984)

Die laaste jagtog (1984)

Galery van reënmakers (1986)

Keurskrif vir Kroonstad (1990)

Deurloop: Keur uit die essays van Dot Serfontein (1992)

Vertel! Vertel! (1995)

Die huis van papier (1997)

Vis en tjips (1997)

Vrypas (2009)

Amper my mense (2009)

Ek is maar ene
DOT SERFONTEIN

Protea Boekhuis

Pretoria

2010

Ek is maar ene — Dot Serfontein
Eerste uitgawe, eerste druk, 1972 deur Human & Rousseau
Tweede uitgawe, eerste druk, 2010 deur Protea Boekhuis

Posbus 35110, Menlopark, 0102
Burnettstraat 1067, Hatfield, Pretoria
Minnistraat 8, Clydesdale, Pretoria
protea@intekom.co.za
www.proteaboekhuis.com

REDAKTEUR: Annie Klopper
PROEFLESER: Uvalde Swart
UITLEG EN BANDONTWERP: Hanli Deysel
VOORPLATFOTO: 'n Jong Dot Serfontein
op haar perd Kweper, uit *Vrypas* (2009)
TIPOGRAFIE: 11.5 op 18 pt ZapfCalligr
GEDRUK EN GEBIND: Creda, Kaapstad

Ek is maar ene is die eerste keer in 1972 gepubliseer en pejoratiewe, tydsaanduidings en verouderde maat- en geldeenhede moet in die lig hiervan beskou word.

© 2010 Dot Serfontein (1972)
ISBN 978-1-86919-343-0

Geen gedeelte van hierdie boek mag sonder skriftelike verlof van die uitgewer gereproduseer of in enige vorm of deur enige elektroniese of meganiese middel weergegee word nie, hetsy deur fotokopiëring, skyf- of bandopname, of deur enige ander stelsel vir inligtingsbewaring of -ontsluiting.

INHOUD

Hoenderkraai 9

Die vertoning 15

'n Stil begrafnis 32

Ek is maar ene 49

Die goeie Jood 64

Met kinders en koeldrank op reis 70

Die hanetree 83

Die donkie het hom mak gemaak 101

As die matompas trek 123

Die huis van papier 138

Om van diens te wees 145

En die Oranje vloei verby 151

Die ou taai man anderkant 174

Vakansie op S-se-B 195

Opgedra aan Fred le Roux

(REDAKTEUR *SARIE MARAIS* 1949–1968)

HOENDERKRAAI

Baie dinge op ons werf was daarna vir goed verander. Ons was losgeruk uit 'n tyd van kommerloosheid, van gelowige aanvaarding van die natuur se goeie bedoelings. Daarna sou ons meerdere kennis die onrus, die verantwoordelikheid en, helaas, die ontnugterings bring.

Ek praat van die geskiedkundige dag toe die Bartel Brink-stamboekhoenders op ons werf aangekom het en ons vir die eerste keer ingelyf is in die wondere en verantwoordelikhede van 'n wetenskaplike hoenderboerdery.

Voorheen het ons dit op die boeremanier gedoen en 'n mens moet iets van die ou boeremanier om met hoenders te boer, weet om te verstaan hoe ingrypend die verandering was.

Hoenderboerdery het in die ou dae op persoonlike verhoudings berus. Verantwoordelike hoenders het self snags op die onderste takke van die doring-, karee- of taaibosbome gaan slaap en soggens om halfdrie die eerste hoenderkraai gegee. Dit was die internasionale teken aan verliefdes en sterfbedwakers dat die nag verby is. As die eerste vaalte in die ooste begin wys, het die hoenders huis toe gekom en vlak voor die agterdeur hulle tweede hoenderkraai kom maak. Dit was swakker mans en deursnee vroue se laaste kans om flink uit die vere te kom.

Terwyl die water vir die oggendkoffie warm word, neem 'n mens die seepsodablik met geel mieliepitte wat op die vensterbank staan, en gaan uit na die eerbiedige skare veelkleurige vriende wat buite op jou wag.

Dit was dan tyd om 'n paar hande vol pitte vir hulle uit te strooi en in die algemeen na hulle welsyn om te sien.

As die koekoekhen twee oggende ná mekaar nie daar is nie, het die wildekat haar gevang of sy is broeis, en sou ons kinders in die loop van die dag op haar oorblyfsels of haar nes afkom. Dan het 'n mens agtergekom as jong hane begin spoor maak, dat 'n mens aan hulle kamme se kleur kan sien dat hulle bietjie aalwyn vir die luise moet kry of 'n bietjie ou motorolie aan die pote vir die boetson.

Hierna vertrek almal na hulle onderskeie werkkringe wat in die hoenders se geval die krale, dorsvloer of ashope was. Ons het nie hoenders geken wat op hok gehou moes word nie en ons hoenderhok was 'n jammerlike timmerasietjie van ou pype en lapdraad waarin slaghoenders hulle laaste paar dae op aarde moes uitvars.

As daar onverwags kuiermense opdaag, sou my ma, as sy die koffiewater op die stoof kom sit, ons aansê om die jong vaal haan of die ou spoorhaan te slag – al na gelang van die besoekers se getal en status en hoeveel tyd vir voorbereiding en kook daar was. Dan val ons saam met die kombuisbediendes in om die aangeduide hoender te gaan soek en hom flou te jaag. Ons vang hom, een hou sy voete vas; 'n tweede trek sy nek oor die vleisblok en 'n derde kap dit deur met die byl. Dan los ons hom en sit gefassineerd en kyk hoe hy sonder kop nog allerhande intelligente spronge en aksies maak. Daarna pak ons hom in 'n skottel, gooi kookwater oor om sy vere af te trek, haal sy binnegoed uit sonder om sy krop of sy nersderm te skeur, was hom en sit hom in die ysterkastrol. As my ma binne die konfyttertjies rondgee, het sy al die eerste snuf in die neus dat dinge in die kombuis onder beheer is. Klein dogtertjies se fyner gevoelens was toe nog nie so in die oog lopend van belang dat die volwassenes hulle bekommer het oor ons die grieselrige werkies moes doen nie.

Ons kinders het elkeen ons eie hoenderhen gehad wat ons by die vrou van my pa se messelaar, Sofonia, present gekry het. Vir sy vrou, Aloes, het ons 'n heilige ontsag gehad, want sy was 'n kapteinsdogter uit Basotholand wat Sofonia teen 'n buitensporige lobôla geruil het. Sy het nooit Afrikaans gepraat nie, nooit in die huis kom werk nie, haar stroois moes van klip wees en, ergste van alles, sy het nooit kinders gehad nie. Net een keer in die jaar, kort voor Kersfees, het sy afgekom werf toe met 'n hoenderhen vir my ma. Hierdie hoendertjies het my ma altyd vir ons present gegee.

Hulle was wonderlike hoenders wat die pas vir die geveerde bevolking op die werf aangegee het. Hulle was bitsig, bedrywig, met drie of vier broeisels kuikens elke somer, het katte gejaag en sprinkane gevang, bo in die kareebome geslaap en in die groentetuin kom broei. Hulle het sagte geelbruin vere en klein wit voetjies gehad. As hulle eindelik oud en der dagen sat geslag word, het hulle die dood net so vanselfsprekend aanvaar as die mielies uit die seepsodablik, en dan was daar fantastiese geslypte klippies soos juwele in hulle kroppe. Ná hierdie voorwêreldse rustigheid kom toe in groot mandjies op 'n dag die Bartel Brink-hoenders: gestamboek, gering en geënt.

Die eerste wat ek daarvan gewaar, was 'n rondstappery op die werf – my ma met driftige aanwysings, my pa met sy plaashoedjie agter op sy kop agterna al skrywende met sy "indelible" potloodjie op sy C to C-sigaretdosie. Daar word bloekompale gekap, klippe gebring en daar verrys in die een hoek van die werf 'n reusagtige groot kamp met ses voet hoë sifdraad omhein en netjiese bouwerke binne. Toe hoor ek dat my ma honderd stoethoenders van die bankbestuurder meneer Bartel Brink gekry het en dat sy nou met hoenders gaan "boer". En meteens was hulle daar, die yslike pikswart henne en die statige hane met hulle swaar rooi belle en blouswart glansvere, en alles op die werf raak meteens ingedeel en opgeweeg, vreemd en gevaarlik.

Weg is die sodablik, want Bartel Brink-hoenders se kos word soos koekdeeg van 'n geskrewe resep af vermeng en op rantsoen uitgedeel. Hoe dink ons sal hoenders ooit hardedopeiers lê as daar nie skulpgruis in hulle bakke en kalk in hulle drinkwater kom nie? En hoe gaan hulle staande bly teen wandluise en hoendermyt as hulle hokke nie met dodebossie en 'n Flitspuit ontsmet word nie? Saans word die hok met 'n slot gesluit en soggens soos die kombuis met 'n besem uitgevee.

Eiers uithaal is nou so ingewikkeld dat net persone bo sestien jaar daarmee vertrou kan word; een van my getrouste hondevriende word as eiervreter geïdentifiseer en kry peper in sy bek en 'n dekselse loesing daaroor.

Hoenderslag word 'n hoogs gespesialiseerde operasie wat net my ma persoonlik kan doen deur 'n dunlemmes bo in die hoender se verhemelte presies net op 'n vasgestelde manier te druk.

Ek hoor toe vir die eerste keer in my lewe dat daar dosyne soorte hoenders is: Rhode Island Red en Plymouth Rock, Leghorn en Hampshire en New Sussex en Light Sussex, Orpington en Buff Orpington en Australorp en dat die werfhoendertjies wat ek my lewe lank ken, glad nie eers 'n soort is nie.

Later aan werk ons werfhoenders toe baie op my ma se senuwees. Sy kla oor hulle onsindelike blertse voor die agterdeur, hulle ongesonde misvretery by die kraal en veral hulle slegte gewoonte om saans op die nuwe hoenderhok se boonste draadrand en sy hoekpale te gaan sit en slaap. Sy het onverantwoordelik onder hulle begin slag en ek moes hand en tand vir die lewe van Potjierol, my eie hoenderhen, veg.

Ek kon flou word die oggend toe dié dwaas ding ewe

ongeërg daar aangestap kom met 'n groot broeisel swart kuikens – onmiskenbare bewys dat sy onbehoorlik met die groot aristokrate omgegaan het. Gelukkig het juis dit haar lewe gered, want my ma had toe reeds 'n paar terugslae met die Bartel Brinks: Hulle was nie lief om hulle kuikens uit te broei nie en Potjierol het daarna geslagte en geslagte Bartel Brinks vir ons moes uitbroei.

Soos dit al met baie edel hoenderboerderye die geval was, het my ma s'n ook eindelik gekwyn. Later het die Bartel Brinks buite begin loop en geleer om bo in die takke van die kareebome te slaap. Die ashoendertjies het op hulle beurt gek geraak na skulpgruis en die opgemesselde neste vir die groentuin verruil en middelmatigheid is op ons afgedwing. Maar jare daarna sou my ma nog die aansprake van hoendergeesdriftiges met 'n veraf meerderwaardige uitdrukking op haar gesig aanhoor, en dan weet ons sy dink oor hoe ver dit alles tekortskiet by haar eie goue eeu met die Bartel Brink-hoenders.

DIE VERTONING

Die rit van ons plaas na die dorp was maar tien myl, maar in dié tien myl was daar etlike diep beproewings vir my. Daar was in die eerste plek die spookhek duskant die swart begraafplaas, 'n doringboomturflaagte wat in die reëntye 'n pap gemors was waardeur die motor soos 'n jong perd aan 'n halter gespook het, en as daar een ding is waarvoor ek banger as vir spoke was, was dit 'n motor wat vassit. Daarna kom Bossiesspruit, wat weerskante sulke steil walle gehad het dat die motors van my kinderdae daar kwalik kon uitkom. Die spruit se bedding was 'n ongelyk klipplaat waaroor my pa teen die hoogste moontlike snelheid moes jaag om die walle aan weerskante uit te kom. Ek kan 'n hele paar nagmerrie-ondervindings onthou toe die kar soos 'n kat teen die skuinste sit en vasskop het, en ons haastig moes uitspring om klippe agter die wiel te sit.

Kroonstad self was nog die grootste beproewing van almal. Ek kon nie Engels praat of verstaan nie en dus in geen winkel ingaan nie. Ek moes ure in die motor sit terwyl my pa met oom Hughie Robb, die garage-eienaar, oor hulle skooldae gesels of in die Waterloo-kafee met Smelters oor politiek sit en stry. As hy daar uitkom, is hy so kwaad, hy kyk nie behoorlik waar hy ry nie en ek sit rysiek en dronk in 'n stofwolk van daar tot by die huis.

Die enigste oase vir my was die ou Serfontein-familieplaas, Bossiesspruit, waar die pad oor die werf loop. Hier het my pa selde verbygery en ek kon op my tyd gaan biesies pluk of porselein wat nog voor die Boereoorlog gebreek het, op die ashoop gaan soek. Veel aandag aan die mense in die groot huis het ek nie gegee nie; eers later toe ek beter by die wêreld van die volwassenes aangepas geraak het, kon ek dinge daar na regte waardeer.

Oom Krisjantjie, my pa se oom, was toe lange jare reeds dood, maar sy weduwee, tant Marja, en sy dogters het nog daar gewoon. Die plaas is dikwels deur familielede besoek. Hier, meer as by my eie huis, het sekere eienaardighede van my eie familie vir my duidelik geword. Ek sal nooit sê hulle is beter, slimmer of meer suksesvol as honderde ander families nie, ek sal selfs nie sê dat hulle oorspronkliker as ander is nie. Maar daar is 'n gestae hardnekkigheid omtrent hulle nukke wat jy moeilik uitgeteel kry.

'n Geselskap van Serfonteins bymekaar is die nugterste, mees konserwatiewe groep denkbaar, maar gooi hulle een-een in 'n geselskap saam met ander, en hulle is meteens 'n irriterende stuk onoplosbare andersheid. As daar 'n wilde aan-die-gang-party iewers is, en jy sien in die gewerskaf een man in 'n hoek 'n boek sit en lees, kan ek jou verseker dat hy 'n Serfontein is. Hy sit helaas nie eenkant omdat hy 'n geheelonthouer is nie; hy drink net nie as al die ander drink nie. As die Administrateursvrou 'n dorp besoek, en al die vroue gaan hulle uitrustings in Johannesburg koop, sal een vrou daar aankom en lyk of sy nou pas van die seeppotte af kom. Sy sal heel moontlik 'n Serfontein wees en so verskyn, nie omdat sy nie die geld het om 'n uitrusting te koop nie en veral nie omdat sy nie weet wat sy moet aantrek nie. Sy sal presies weet en jou daarna almal uitwys wat nie presies geweet het nie, want dit is nou juis wat die Serfonteins so onmoontlik maak: Hulle weet altyd presies en beskou dit as die allerbeste rede om nie te doen soos hulle weet nie.

Hulle is sogenaamd verskriklik menssku. Soos my oom wat, as hy nie heel agter in die kerk plek kry om te sit nie, net daar omvlieg, mense paniekerig opsystoot, 'n hele verkeersknoop in die paadjie veroorsaak en sy vrou voor hom uit terugstoot, in sy motor klim en huis toe ry, want hy is te "skaam" om voor in die kerk te sit. Soos 'n verlangse niggie op Stellenbosch wat 'n kosbare Spaanse ring besit en dit nie wil dra nie, omdat mense sal vra waar sy dit kry. Dan moet sy beken dat sy ook oorsee was en in 'n tyd wanneer almal oorsee gaan, is sy te skaam om te sê dat sy ook daar was.

Van hierdie menssku vertoning maak die Serfonteins ruim gebruik as hulle jou groet. My pa het nie een van ons ooit gegroet nie, al gaan hy waar, wat 'n afskeid altyd tot 'n senutergende onafgerondheid gedoem het. As "uhmm" die teenoorgestelde van "uhuh" is, wat "nee" beteken, dan het hy dit só gebruik: Ná ons staan en rondtrap en gewag het vir sy afskeid, het hy in sy motor geklim, sy hand onhandig gelig en sonder om een van ons aan te kyk, lugtig gesê: "Nou ja, humm," en weggetrek.

In my kinderdae was daar nog volwasse Serfonteins wat in die kraal gaan wegkruip het as vreemde mense op die plaas aankom – dis nou van my Koppies-familie. En daar was ander wat vreemde mense om die nek geval, twee maal gesoen en aan die huil gegaan het, wat eintlik op presies dieselfde neerkom. Dit was van ons Bethlehem-familie.

Hulle is te menssku om te groet, maar hulle sal met die grootste selfvertroue sonder 'n das en baadjie en soms sonder insae waarom dit gaan, in 'n groot vergadering opstaan en 'n toespraak hou – 'n goeie een, want almal is met die gawe van welsprekendheid gestraf. Vergaderings oprui, verlore sake bepleit en op die laaste oomblik self uit die pad uit spring omdat hulle te "skaam" is om voor in die protesgeledere te wees, is nog ongelukkige kenmerke.

Kwasterig en onkant soos hulle is, word hulle maar aanvaar, want die meeste mense waardeer 'n goeie vertoning van persoonlikheid afgesien van die meriete daarvan. Ek dink byvoorbeeld aan 'n familielid wat ek maar Karel sal noem. Vandag skrik ons nie meer as ons 'n jongman kaalvoet in die straat sien loop nie, maar Karel het twintig jaar gelede begin om kaalvoet in ons dorp se strate te loop. Vandag, diep in die dertig, breedgeskouer, vader van drie en taamlik bles, loop hy nog kaalvoet en besoek sy ouderling en sy bankbestuurder so. Volwasse kaalvoetloop is een van die eiesoortigheidjies van ons familie, maar die res van ons probeer dit binne die grensdrade van ons plase hou.

Onlangs kom oom Harry Claassen my teë. Hy ken die familie goed, praat toe oor almal wat daar nie meer is nie en sê eindelik: "Maar die een van julle met die mooiste geaardheid is Karel."

"Ja Oom, as hy net onder andere sover kan kom dat hy skoene in die openbaar dra, is daar nie 'n beter man as hy nie."

"Ag nee wat," sê die oom, en daar kom 'n soort skryning in sy stem: "Dit moet jy nie sê nie. Dit is juis wat vir my so mooi is van hom. Wys jou hy het nie die hovaardigheid in hom nie."

Nou, ek reken in alle beskeidenheid dat 'n kaalvoetloper wat sulke gevoelens in 'n eerbiedwaardige burger kan inspireer, 'n man met persoonlikheid is.

Hulle is mense om mee saam swaar te kry, my familie. In teëspoed het hulle 'n ongelooflike optimisme, maar gaan dit met hulle goed, is hulle aan die diepste neerslagtigheid onderworpe: Wat moet ek met al die geld maak? Die Here gaan my verskriklik straf daaroor, het een van hulle op 'n keer gesê. 'n Ander familielid glo dat die robot by ons indraaipad na die dorp, stelselmatig rooi is as hy daar kom. Dit is net so, hy glo dit vas en doen sy blymoedige bes om uit te styg bo die teistering waarvoor 'n kwaaie noodlot hom uitsonder.

Op Bossiesspruit het ek baie van hierdie ou Serfonteins gesien, maar ten spyte van hulle alombekende andersheid, kon min van hulle daar kers vashou by die verfynde buitenissigheid van tant Marja, wat 'n Lategan was, en haar drie dogters, Annetjie, Martjie en Grietjie. Hulle broer het dertig myl daarvandaan geboer, en hulle jongste broer Krisjantjie het ek nog in my kinderdae aan tering sien sterf. Die huishouding en die boerdery het die stempel van vroue gedra – stil, tengerige, hoogs intelligente, maar ongewone vroue. Tant Martjie, die oudste dogter, het ongetroud gebly; die ander twee het hulle mans deur die dood verloor en na Bossiespruit teruggekom. Wat hulle persoonlike gevoelens ook al was, het dié mans se aan- of afwesigheid aan die lotgevalle van die gesin weinig verskil gemaak. Mansmense in die algemeen is met min maar suiwer woorde deur my tant Marja afgehandel.

"Hoe gaan dit nog met X, Tannie?" sou my ma belangstellend na 'n manlike familielid verneem.

Tant Marja het ek nooit anders as stadig, effens hortend, baie sag hoor praat nie.

"Vra 'n mens hoe dit met iemand gaan wat drink?" sou sy afgemete sê.

"Ag, ek het dan gedink hy het die dinge nou heeltemal laat staan."

"Ses voet onder die aarde, Anna, hou iemand wat drink eers op." En die gesprek wat X betref, daarmee uit en gedaan.

'n Ander aangetroude was altyd vol planne en deurentyd bedrywig.

"Hoe gaan dit met Y, Tannie?"

"Goed."

"Wat doen hy op die oomblik?"

"Niks. Dié dat dit goed gaan."

'n Vreemde vra aangedaan: "Ja, die dood kom ook soos 'n dief in die nag. Leef Z se man nog?"

"Ja." Dan met 'n klein grimlaggie: "Ongelukkig."

As hulle jou met die swaarmoedigste gesigte denkbaar vra of jy gehoor het dat die hemelpoorte nou vir Johanna oopgegaan het, dan het dit beteken dat sy so onbesonne was om te gaan trou. Ek dink nie dat hulle mans slegter as dié van ander vroue was nie, maar ek dink dat my tantes nooit, waar almal so knaend die ergste gevrees het, die verbintenisse met 'n onbevange gesindheid kon aangaan nie. Hulle ontnugtering het nie uitgebly nie en hulle daarna bygebly. Lang tye het daar by hulle ook tant Marja se suster ingewoon, juis iemand wat verkeerdelik die huwelik vir die hemelpoort aangesien het. Ses maande ná haar troue, so vertel hulle, het daar op 'n dag 'n swarte met 'n koei deurgetrek vendusie toe. Die tante het haar verloofring vir die koei verruil, want toe was sy reeds genadiglik van haar dwaling genees.

Op 'n dag het 'n verlangse familielid van ons bankrot geraak. Vandat dinge soos geregtelike bestuur en likwidasie in omloop gekom het, is bankrotskap 'n teoretiese toestand. Maar in my jong dae was bankrot 'n vloek wat uitverkoop en padloop beteken het. Om 'n gesprekstema soos bankrotskap tussen hierdie paar vroue in te gooi, was amper soos om 'n os in 'n vendusiekraal te jaag: Elkeen bekyk en beoordeel hom en stoot hom dan in 'n ander koers in. Niemand is geniepsig of gemeen nie, daarvoor was hulle te groot van hart, het hulle te veel humorsin gehad. Of miskien was hulle soos baie Serfonteins net skaam om regstreeks by dinge betrokke te raak. Wat Piet besiel het, was toe die vraag.

"Hy sê hy het nie geweet hy het soveel skuld nie," sê tant Annetjie en verskuif haar bril.

Geen kommentaar voorlopig nie. As jy nie weet nie, dan weet jy nie. Hulle het almal die gewoonte gehad om vooroor in die stoel te sit, met die arms gevou en die bene oorkruis.

Veelseggende stellings word gemaak en weerlê deur 'n blote tikkie met die voet op die grond, die oopslaan van 'n lang skraal hand of 'n ingedagte blik by die venster uit.

Piet het dus nie geweet nie. Tant Martjie tik 'n hele paar keer met haar vinger op die tafel langsaan voor sy vra: "Maar sê my hoe. As ek 'n botteltjie Coca-Cola gaan koop, moet ek eers die sikspens oor die toonbank stoot voor die man my die botteltjie gee." Coca-Cola was toe pas net op die mark, en tan' Martjie was baie lief daarvoor.

Grietjie, kalmerend en logies: "Martjie, Martjie ons praat nie nou van sikspense nie."

Tant Marja sugtend: "As dit maar was, as dit maar was! En as dit maar Coca-Cola was!"

En daar het ons Piet se hele moeilikheid opgesom en afgehandel.

Niemand val die ander ooit in die rede nie, elkeen gun die ander die volle gewig van sy klemtone en sy pouses. Elke gesprek van hulle was 'n hoogs bekwame aanbieding. Daarom was dit, vir my altans, glad nie vreemd toe tant Annetjie se enigste seun sy werk in die Staatsdiens bedank en in die toneelwêreld gaan nie. 'n Tydjie ná die dramatiese aankondiging kry ek haar en tant Martjie op straat. Ons gesels hiervan en daarvan, maar eindelik val daar 'n stilte. Ek voel die spanning van die goeie akteur wat na 'n hoogtepunt opwerk. Tant Annetjie steek haar voet versigtig vorentoe en roer 'n klippie aan: "Jy het seker gehoor van Boetie."

"Van Boetie? Is hy siek?"

"Nee. Ten minste, ja. Hulle ..." Haar kop buig na tant Martjie toe oor, "... sê hy is. Hy is mos op die planke."

Ek het haar jammer gekry oor die vuurdoop wat sy baie sekerlik onder die huisgesin deurgegaan het. Op die planke vir 'n man en op die strate vir 'n meisie het destyds op die platteland min of meer op dieselfde neergekom. Ek het my bes gedoen om haar te bemoedig en vertel dat toneel vandag nie die onsekere swerwersloopbaan van twintig, dertig jaar gelede beteken nie, dat dit 'n verskeidenheid van vaste betrekkings met salaris en pensioen kan beteken wat jou waarskynlik selde op die eintlike planke bring. Sy was dankbaar oor die vertroosting, maar tant Martjie het spesiaal nader gestaan aan die motor langs ons sodat sy vir beklemtoning op die modderskerm kon tik. Toe het sy haar hande veelseggend voor my oopgehou. "Ja, maar dié – die hande. Wat maak hy met dié? Ek het geweet niks op aarde sou haar oortuig dat toneelspeel "werk" en nie "speel" is nie.

Eenkeer het ons biduur vir reën op Bossiesspruit gehou. Die koffie is skaars gedrink of die weer begin buite dreun, en almal vertrek haastig. My ouers kon nie betyds wegkom nie, of miskien het hulle, soos dikwels gebeur het, maar net geweet dat die aanbieding nog nie voltooi is nie. Bossiesspruit se vroue was spreekwoordelik bang vir swaar weer; die spieëls is haastig toegegooi en een het in die spens gaan skuil met 'n bord oor die kop wat veronderstel is om goed te wees as weerligafleier. Maar tant Marja het vreesloos uitgestap na die agterste stoep wat na die suidweste uitkyk en waar die hele geweld van die komende storm hom begin afspeel: die swaar aanrollende donderwolke, die blitse en knalle, die yskoue windjie wat aan die bloekomtakke begin ruk. Sy het haar hande oor haar bors gevou, die helder trane het oor haar wange begin loop en sy het die gevleuelde woorde geprewel wat in ons familie daarna al honderde kere in soortgelyke omstandighede herhaal is: "Ons hét gevra, Here, maar nie só nie, nie só nie!"

Die plaas lê waar die Bossiesspruit in die Valsrivier loop, by 'n drif waar daar daardie dae 'n populierbos en 'n klipplaatdrif was. Dit was 'n beroemde kampeer- en piekniekplek, en op 'n keer was al wat neef en niggie is, daar. Daar is gespeel en geswem. Tant Marja het die bedrywighede stemmig van 'n kombers op die wal gade geslaan. Skielik het sy angsbevange gegil, iets wat vir 'n beheersde mens soos sy ongewoon was. Sy het haar hand uitgestrek na 'n plek in die bruin rivierwater. "Daar, daar het hy ingeduik; hy het verdrink ..." roep sy en begin huil.

Almal kyk verskrik na die plek waar borreltjies uit die water na bo kom. Verdrinking ... die onderliggende vrees van elke verantwoordelike piekniekganger aan die Valsrivier met sy maalgate en vals sandbanke. Almal drom by die plek saam om te sien wanneer die drenkeling kop bo water wys om hom te help, maar niks kom te voorskyn nie. Die sterkste swemmers duik, maar kry niks. Krisjantjie, Tant Marja se jongste seun wat intussen in 'n sloot gaan aantrek het, hoor die geroep en kom dadelik terug. Daar is niemand wat die rivier daar ken soos hy nie. Hy pluk sy boklere uit, hy laat hande vat deur die mans sodat die een wat die drenkeling beetkry, uitgesleep kan word voor hy self in die moeilikheid kom. Dit is chaos, 'n geroep en gehuil onder die meisies. Dit is eindelik Krisjan self wat uitasem vra: Maar wie het dan verdrink?

Ja, wie? In die benoudheid het niemand daaraan gedink om tant Marja te vra wie dit is wat sy sien verdrink het nie. Krisjantjie gaan na haar, trek haar aan die skouer, sukkel om haar tot spraak te bring: "Maar wié het verdrink?"

Sy vee haar oë verdwaas uit: "Nee, jy. Ek dag dis jy. Ek sien jou dan nêrens nie."

Onder die kuiergaste wat gereeld op Bossiesspruit was, was dramatiese persoonlikhede wat ons vakansie ná vakansie op nuwe vertonings vergas het.

Daar was tant Annie Biel, tant Marja se suster wat op Kroonstad gebly het en met gedeeltes van haar talryke huisgesin daar kom ontspan het. Haar een seun was jare lank Kroonstad se enigste slagter. Tant Annie het Kroonstad se skindernuus soos 'n legkaart inmekaar gepas en kon sosiale skandale reeds maande vooruit voorspel. Sy was groot van aansien en gebaar: As tant Annie Biel frikkadelle maak, is hulle so groot soos volstruiseiers, as sy rys kook, kook sy 'n hele emmer vol, as sy sousboontjies kook, kook sy dit in 'n seeppot met stukke varkspek so groot soos 'n man se hand daarin. As jy twee lepels daarvan in het, is jy katswink.

Daar was ook Blinde Annie wat gereeld soos die bloutong op die Bossiesspruitse huishouding toegesak het. Sy was blind, het – sover ek weet – geen naasbestaandes gehad nie en het maar so rondbeweeg en kraaldoilies om den brode ontwil gehekel. Ek het jare ná haar dood eers gehoor sy was 'n juffrou Pretorius van Edenville. Tant Marja sou vir my ma – Anna van Kootjie – sê: "Blinde

Annie kom." Sy sal dan lank en gevoelvol stilbly, haar wenkbroue lig, op haar hande afkyk en byvoeg: "Ek sê maar net."

My ma het die implikasies van so 'n aankondiging altyd dadelik verstaan en haar bes gedoen om te help, maar haar eerlike pogings was aan swaar beperkings onderhewig. As ek haar dit een keer vir my pa hoor vra het, het ek haar dit dosyne male hoor vra: "Ag man, laat ons tog Blinde Annie 'n paar dae vat, net om Tannie-hulle 'n blaaskans te gee." Hoewel my pa 'n man met 'n ruim hart vir hulpbehoewendes was, was Blinde Annie die oog van die naald waardeur hy nie kon gaan nie. Sy was bemoeisiek, het hy volgehou, sy was onstigtelik aan tafel. Onstigtelikheid aan tafel was iets wat hy nooit kon veel nie. Onstigtelik was bredies byvoorbeeld. Hy moes onmiddellik en sonder twyfel kon vasstel watter liggaamsdeel dit van die skaap is as die vleis op tafel kom. Gekookte melk met velle op, saggekookte eiers, ingelegde vrugte deur iemand anders as my ma persoonlik ingelê, mense wat geroosterde brood aan tafel eet en Blinde Annie. Dit was alles onstigtelik.

Daarom het ons Blinde Annie selde aan huis gehad, maar haar wel en wee was aan ons almal bekend. My ma het gaas, krale en hekelgare gekoop waarmee tant Blinde Annie, soos ons kinders haar genoem het, doilies gehekel het. Daarna het my ma die doilies weer van haar teruggekoop, hulle diep weggesteek en aan minder bekende vriendinne present gegee. My pa het heeltemal onberekenbaar geword by die blote gedagte dat daar melk gedrink word uit 'n beker waaroor 'n doilie van Blinde Annie hang. Hy en my ma het eindelose redenasies daaroor gehad; hy sê sy spoeg die draad nat en blaas dit droog voor sy die krale inryg, en hy sal in der ewigheid nie so 'n onstigtelikheid op sy tafel duld nie. My ma vra dan hoe hy hom voorstel sy anders die krale moet ingeryg kry aangesien sy blind is. Nee, dit traak hom nie hoe sy dit ingeryg kry nie, al trek sy dit deur haar watsenaam. Hy wil nie daardie doilies hê nie. Enige doilie waarin daar een kraal van 'n verkeerde kleur voorgekom het, het dus vir hom onder verdenking gestaan.

Blinde Annie was wel bemoeisiek. Sy het die skinderstories wat in haar pad gekom het, versigtig vertroetel en dit in haar omswerwinge op die mees onverantwoordelike maniere uitgeblaker sodat tant Marja op een geleentheid gesê het: "Julle moet Blinde Annie help. Sy dink sy is op die regte pad. Eendag as sy daar Bo kom en haar oë kan weer sien, sal sy sien dit was die verkeerde pad waarop sy gewandel het en julle kwalik neem."

Ander ongerief het Blinde Annie ook veroorsaak: Sy het tydig en ontydig die begeerte gekry om te bad. Op Bossiesspruit was daar, sedert ek my verstand gekry het, 'n waterskaarste. Reënwater is in geslote tenks bewaar en is met groot oorleg gebruik, terwyl waswater met emmers van die dam af aangedra moes word. Vanselfsprekend kon tant Blinde Annie haar nie self bad nie en iemand moes uit die huishouding onttrek word om haar te help, sodat my tant Marja in kalme desperasie gesê het: "As hulle vir Blinde Annie sê: 'Annie, hier is die Here Jesus,' sal Annie sê: 'Vrou, bring eers 'n bad!'"

Net so ontydig en onvoorspelbaar was haar liggaamlike behoeftes. Op die mees ongeleë tyd wou haar maag werk, en dan moes iemand haar weglei na die kleinhuisie wat op 'n respektabele afstand van die huis teen die kliprantjie geleë was. Kom sy daar, is alles meteens weg. Die begeleier moet óf wag tot dit wat weg is weer terugkom, óf bereid wees om haar binne 'n kwartier ná sy by die huis terug is, weer uit te lei. Bitter en diep was die onenighede oor hierdie saak wanneer Blinde Annie deur my tantes aangejaag word om gou te maak, of wanneer sy eenvoudig daar vergeet word en later met haar angskrete iemand se aandag trek.

Later jare het my tantes in hulle tuishuis op Kroonstad gaan woon. Dit is 'n ou huis wat in 'n buurt staan waar daar later nywerheidsontwikkeling plaasgevind het. Regoor die huis was 'n groot imposante glas-en-steengebou van die firma Malcomess. Op 'n oggend vroeg, terwyl tant Grietjie met die koffie besig is, hoor sy 'n benoude geroep van tant Martjie van die voorstoep af. Sy gaan haastig daarheen en vind tant Martjie wat, met haar arm om die stoeppilaar, saggies en sielsverlore huil.

"Maar wat is dit, Martjie?" vra sy.

Dié skud die kop droewig: "Ek is blind, Grietjie."

"Maar blind! Mens raak nie sommer blind nie. Kan jy my sien?"

Sy lig die oë verslae: "Ja, ja, jou sien ek darem nog, maar dit is ook al."

"Nou maar … probeer iets verder weg."

"Grietjie, elke môre as ek opstaan, kom ek uit op die stoep en dan vat ek aan die pilaar en ek kyk oorkant na die winkel en dan lees ek die woord "Malcomess" daarop en dan dank ek die Here dat ek sestig jaar oud is en nog kan staan, nog kan sien. En nou … nou kan ek skielik nie meer die woord "Malcomess" sien nie."

"Jy sal ook nie," sê Grietjie droog, "het jy dan nie die hele gistermiddag gesien hulle verf die letters dood nie? Malcomess is nie meer in daardie gebou nie."

Ja, hulle was ongetwyfeld bekwame aktrises, en soos dit met alle bekwame aktrises gaan, het niemand hom agterna bekommer oor wat van hulle word ná die sak van die gordyn nie. Niemand het geweet van die eensame ure van wag in die baie kamers van die groot huis waar so baie mense gekom het, maar sekeres verbygery het nie. As hulle vandag die lewe kon oorhê, sou hulle beroepsvroue word, die lewe met avontuur kon vul, maar hulle het oud en siek en verstok op die ou plaas geword. Ná die dood van hulle moeder het hulle in hul dorpshuisie kom woon, in 'n dorp wat hulle nie meer geken het nie.

Toe die testament van tant Martjie ná haar dood gelees

word, was daar 'n nugtere, onsentimentele versoek in: Daar mag geen naam op haar grafsteen staan nie, net 'n vraagteken.

Vandag staan die grafsuil so met net 'n vraagteken daarop. Dit is tipies Serfontein, natuurlik, maar ons wat haar geken het, met haar vlugge gees wat deurentyd die eensaamheid tot goeie toneel moes verwerk, het geweet waarom sy dit so wou hê.

'N STIL BEGRAFNIS

Ons was vyftien in die kerk op die koue wintersmôre toe ons vir tant Beatrice begrawe het. Sy was van Pretoria op pad terug na haar losieshuiskamertjie iewers langs die kus, het by haar broer op Kroonstad aangegaan, siek geword en ná drie dae hier gesterf. Omdat sy geen vaste adres had nie, geen man of kinders wat haar kon opeis nie, het ons dominee goedgunstig ingestem om haar hier te begrawe.

Met die karige gegewens tot sy beskikking het hy manmoedig geworstel om die regte toon te tref: sewe-en-sewentig jaar was die oorledene oud, nooit getroud nie. Sy was op pad, op reis ... het hy probeer. Dit het ons nie geroer nie. Tant Beatrice het oor die lengte en breedte van die land beweeg, deels omdat geen losieshuis dit langer as 'n maand met haar kon uithou nie, deels omdat sy geglo het dat die polisie geheime inligting omtrent haar bewegings laat sirkuleer en sy hulle altyd een tree voor moes bly.

Sy was nooit getroud nie en dit laat die dominee tas na die klaarblyklike eensaamheid van haar bestaan. Maar dank die hemel sy was nie, dink ons. Hel op aarde sou die arme sterweling gehad het wat haar getrou het, en jonk gestorwe elke kind wat hy by haar verwek het.

Seker nie omdat sy onaansienlik was, het sy ongetroud gebly nie. Op portrette uit vanmelewe se dae is sy rysig, met weelderig opgekamde hare en 'n trots geligte ken. Maar haar skerp, bruin oë wys toe al die onstabiele in haar gees – die ligte graad van onberekenbaarheid wat ons so goed geken het. My ma het ons baiekeer vertel van een van tant Beatrice se kêrels aan wie sy pront gesê het dat sy hom nie kan oorweeg nie, omdat sy tande te skeef sit. Hy het jou waarlik sy tande laat trek, waarna sy vir hom gesê het dis bitter jammer, want hy het oorspronklik tog beter gelyk en die antwoord bly dus steeds nog nee.

Tant Beatrice was 'n ongemaklike oorblyfsel uit 'n vroeër tydperk – die oujongnooitante wat eers by 'n reeks niksvermoedende gesinne goewernante was, daarna bloot geswerf het om van tyd tot tyd op famielielede toe te sak, hulle sake vir hulle te probeer reël tot die gelukkige oomblik wanneer sy voel dat die geheime polisie haar inhaal en sy haastig vertrek. Sy was uit die aristokratiese tak van my ma se familie en 'n hoogs verfynde mens. Dit het 'n mens jammer vir haar laat voel, maar naas al die praktiese probleme van haar geestelike onewewigtigheid, het dit haar 'n eiewaan gegee wat nog minder hanteerbaar as haar kwinte was.

Hier in Novembermaand het haar poskaartjie opgedaag om aan te kondig dat sy vir die vakansie verwag kan word om sogenaamd toesig oor die skil, inlê en verwerking van die vrugte te hou. Daar was om sekuriteitsredes nooit 'n adres op die kaartjie nie. Daarom kon ons geen verskonings aanbied waarom sy nie ontvang kan word nie.

Die volgende berig is 'n telefoonoproep van een of ander familielid wat meedeel dat tant Beatrice nou daar is en gehaal wil wees na ons toe. Sal ons haar asseblief dadelik laat haal? Maar indien dit vir ons nie moontlik is om haar te kom haal nie, sou hulle haar self bring. Dit maak glad nie saak dat ons ander gaste het, dat ons op pad wildtuin toe is of dat iemand ernstig siek by ons lê nie, tant Beatrice sal seker daarvandaan af verder 'n plan kan maak. Maar hulle bring haar!

Ons het altyd gepraat oor hoe aangenaam die eerste paar dae van tant Beatrice se besoeke was. Sy was so opvallend verlig om van die vorige gashere weg te kom, so pateties bly om ons te sien – elke kind het aandag gekry, sy het tot die hond nog onthou. Sy was in ekstase oor die uitsig uit haar kamervenster, het ou Victoriaanse ballades in die badkamer gesing en gereeld my ma se deernis gewek met haar wonderlike eetlus. Ons het dan, as ons alleen is, sentimenteel geraak oor die jammerlikheid van haar toestand. "Jy weet, Kootjie, ek dink nie eers sy kry genoeg om te eet waar sy woon nie," sou my ma met trane in haar oë aan my pa toevertrou. "Sitting by the wayside, mournful sinner, no one knows my sorrow, no one cares for me," sê my ma hoofskuddend as sy die krummels van die eetkamertafel vee. Ook dit het my pa nooit geroer nie, want hy was nou eenmaal 'n mens wat sy geheue nie geweld kon aandoen nie.

Dan sou sy dit nader omskryf: "There is so much good in the worst of us and so much bad in the best of us that it ill behoves the best of us …" en as hy dan nog nie tekens van vermurwing toon nie, sal my ma hom 'n reguit linker gee met: "Ja, 'n mens kan maar spring soos jy wil, maar, there, but for the grace of God, go I." In welke geval hy op 'n bedaarde maar met 'n vaste stemtoon wat die einde van argumente by hom aangekondig het, sê: "Ek dink jy gaan nou te ver, ou boet!"

Dit was ongetwyfeld 'n besoek waarop elkeen van ons op sy eie manier die hand in eie boesem gesteek het na die Christelike deugde van naasteliefde, nederigheid en veral selfbeheersing.

Die eerste teken van 'n veranderde klimaat kom wanneer tant Beatrice skielik nie meer eetlus het nie. Dan kry sy kans om die tekortkominge in ons eetgewoontes raak te sien: Sulke ryk kos elke dag? Kan dit gesond wees? Vleis elke liewe maaltyd van die dag? Sy sien nie eintlik dat my ma baie moeite doen om oorskietkos te verwerk nie – nogal 'n kuns, so iets. Woorde wek, maar voorbeelde trek, en tant Beatrice eet net die helfte van die kos wat sy self op haar bord skep. Sy laat my ma vir haar die res tot die aandete bêre wanneer sy 'n stukkie neem, en die volgende oggend aan ontbyt sit sy die laaste stukkies koue pampoen en verlepte boontjies genotvol en opeet en kyk na ons met ons pap, eier en wors asof ons kannibale is wat ons beste vriende verorber.

Van die etenstafel brei die terrein vinnig verder uit. Tant Beatrice het presies geweet hoe klein dogtertjies moet sit, staan, loop en praat. Ons het niks daarvan korrek, beleefd en soos dames gedoen nie. Daarna het sy gereeld naby 'n deur gaan sit om toe te sien dat my broer sy skoene afvee as hy inkom en 'n asbakkie in gereedheid gehou as my pa sy voete oor die drumpel sit.

Ek sal nooit die keer vergeet toe sy besluit het dat my ma niks fatsoenliks het om aan te trek nie en sy, ten spyte van my ma se heftigste teëkanting, onderneem het om vir haar 'n rok te maak. Dit het ons drie ritte in dorp toe gekos voor sy fatsoenlike materiaal kon raakloop. Sy het dae lank koerantpapierpatrone geknip en opgefrommel en potloodberekenings gemaak en elke keer in die volle geselskap my ma se mate kom oorneem, haar hand ongelowig op haar mond gelê en dan hoorbaar gefluister: "So groot, kan dit moontlik wees ..." en dan teen haar eie skouer af gegiggel. My ma het op haar tande gebyt en die Christelike deugde voor oë probeer hou.

Eindelik was die rok dan klaar en die passing finaal. Dit was ruim twee keer so groot as wat my ma is, met 'n gapende halslyn en moue soos meelsakke, so fyn gestik dat geen mens dit ooit sou kon verstel nie, die fatsoenlike materiaal onredbaar deur opnaaisels en -rygsels van onbekende bedoeling geskend. Ek sien tot vandag toe nog my ma se gesig, ewe goedwillig en vol lag bo die onsamehangende koeksel uitsteek terwyl tant Beatrice soos 'n kwaai hond om haar ruk en rek en torring.

Wie toe tot die dood toe gekrenk is, is tant Beatrice. "As daar nie samewerking is nie, wel, dan kan niemand iets vermag nie," sê sy met stywe lippe en voeg betekenisvol by: "Ek sal my nie weer so iets laat aandoen nie."

"So het sy dan van tyd tot tyd gegaan en van plek tot plek gereis om van haar lewenservaring en kennis mee te deel aan die huiskringe van die familie wat haar so gul ontvang het ..." probeer die dominee weer. Ek kan sien dat die reaksie van die vyftien mense by die lykrede hom teleurstel. Een of ander tyd kom daar tog die omfloerste blik, die vinnige traan by die een of ander herinnering aan die oorledene, en die ervare predikant weet tog later juis net hoe om hierdie verborge snare raak te vat.

Kennis en ervaring! Ons het ons ook een vakansie hieraan onderwerp. Tant Beatrice het gereeld in haar briewe oor toesig by die vrugteskillery gepraat en een vakansie was sy by ons toe die perskedroëry aan die gang is. My ma vra haar toe of sy nie regtig dalk die droëry wil onderneem nie. Dit sou 'n verligting wees om tant Beatrice buitenshuis besig te kry en miskien vir haar van terapeutiese waarde; die moontlikheid was self nie uitgesluit dat dit haar begrawe talent is nie, want sy het uit die vrugtewêreld van Oudtshoorn en Prins Albert gekom.

My ma het haar eenkant gehou om tant Beatrice volle

geleentheid vir optrede te gee en gemaak of sy die skimpe oor ons primitiewe stellasies, ons vrot gesteekte perskes, die baie vlieë en die lang en driftige redenasies met die vrugteskillers nie hoor nie.

Ook dit het nie na wense verloop nie. Kort voor lank kom een van ons getroue ou bediendes by my ma aan, die hande asvaal en verkrimp: Dis nou die *motsibi* – die spesialis – wat dit gedoen het. Elke keer as hulle terugkom van *ko lo brukweng*, moet hulle die hande in die water van die Lysol was. Nou gaan die velle af en *kanété-ruri*, hulle brand kwaai, die mense kan nie meer perskes skil nie, en die miesies moet asseblief kom ruik hoe ruik die perskes van die Lysol. My ma was verplig om in te gryp: heeltemal in orde dat tant Beatrice iets aan hulle hande wil doen ná elke *o ko lo brukweng*, maar die waterkraan en boerseep is oorgenoeg. Tant Beatrice was tot in haar siel geskok. Ken my ma nie haar biologie as sy dan nie haar higiëne ken nie? Weet sy nie van die ernstige besmettings wat kan voorkom nie? Wil sy die hele huisgesin met droëperskes vergewe? Maar dit moet sy nou sê, sy merk dat my ma ene is wat daarvan hou om Gods water maar oor Gods akker te laat loop. Die stomme Kootjie!

En dit bring haar by die kwessie van *lo brukwengs* op ons plaas. Wil my ma regtig vir haar sê dat daar geen higiëniese toiletstelsel vir die bediendes is nie? Dat hulle daar in die ope veld soos diere moet gaan hurk en met gras …? Te verskriklik om aan te dink! *Lo brukwengs* vir bediendes het dekades later eers algemeen geword, en in daardie stadium was ons bediendes heeltemal tevrede met 'n rustige, afgesonderde *lo brukweng* diep veld-in wat jy tydsaam bereik, tydsaam gebruik en waarvan jy jou met goeie ou buffelsgras en kraanwater tydsaam reinig. Om die waarheid te sê, kan ek nog goed onthou hoe my man en ek as jonggetroudes op ons wittebroodsdae agtermiddae laat met ons nuwe motor veldin moes ry, omdat my bruidegom nie met die hotel se *lo brukwengs* op intieme voet kon omgaan nie.

Hoe dit ook al sy, niemand was in daardie stadium bereid om iets aan die saak te doen nie, en die perskeskillery het net daar verongeluk: Tant Beatrice sou haar nie met so 'n vieslikheid inlaat nie.

Daarna het tant Beatrice elke keer as sy kom kuier, die kombuisbediendes met arendsoë dopgehou as hulle *ko lo brukweng* gaan om te sien of daar nog nie moderne geriewe aangebring is nie. In die loop van baie gesprekke het sy op vriendelike maar ferm wyse plekkies op die werf aangestip waar so iets met vrug en doeltreffendheid aangebring kon word.

Hier ná die tweede week van haar kuier praat tant Beatrice nog net met sekere lede van die huishouding en verlaat die vertrek om haar kamer te gaan sluit wanneer ander inkom. Sy eet net droë beskuitjies aan tafel, gaan skink haar eie koffie en smokkel, as sy dink niemand let haar op nie, stukke koek en koue vleis na haar kamer om dit daar te eet. Teen daardie tyd het die kombuisbediendes reeds kennis gegee, kinders dwaal ver en eensaam in die veld rond, en my pa onderneem ritte na sy mees afgeleë kennisse om saans halfelf in te kom en soggens ná oggendkoffie te vertrek. En my ma sit van Christelike deugde afgestroop en alleen met haar. Daar was somtyds vriende wat opgedaag het, nie van tant Beatrice geweet het nie en wat haar dan in die fleur van die eerste ontmoeting na hulle toe genooi het – ons dan só verlos het.

Hier en daar was daar 'n familielid wat 'n suspisie van 'n erfporsie gehad het; daar was altyd 'n eerste keer vir jonggetroudes in die familie en daar was 'n paar wat altyd net te stadig was om aan 'n kuier te ontkom.

As niks en niemand uithelp nie, sou die finale stadium tog op die ou end aanbreek wanneer die bediende – as daar nog een is – die môre kom rapporteer die ounooi wil nie die deur oopsluit dat sy aan die kant kan maak nie. As daar ondersoek na ingestel word, sal tant Beatrice sê sy wou eerder nie daarvan praat nie, maar ja, daar het 'n geruime tyd reeds van haar persoonlike papiere begin wegraak, en nou het sy die bediende betrap: "Redhanded." En niemand hoef dit nou meer te probeer ontken nie, dit word aan die polisie gegee, en wat sy nie kan verstaan nie, is waarom my ma-hulle nie net sê hulle wil haar nie meer daar hê nie. Om dit op hierdie manier te doen ... Dit kon my ma nooit verteer nie. Sy was gereeld daaroor in trane, bereid om tant Beatrice op haar knieë te smeek om langer te bly sodat sy opnuut haar goeie gesindheid kan bewys ... maar dan kon niks tant Beatrice langer op 'n plek hou nie. Sy het betraand en met oë vol stille verwyt na 'n onbekende bestemming vertrek. Vanselfsprekend het 'n mens alles in jou vermoë gedoen om haar weg te kry voor so 'n afskeid. Eenkeer was my pa die oorsaak hiervan.

Tant Beatrice was deurentyd besig om haar eie onderklere te verstel. Dit was seker nodig, want haar pensioen was maar skraal, en om haar klere aan te bied, was om haar diep te beledig. As my pa dan die vertrek inkom, sou sy histeries gil, asbleek word, die bondel goed teen haar boesem vasdruk en kamer toe vlug, met die gevolg dat my pa tog maar altyd gehoes of geraas het voor hy inkom waar ons vrouens is om haar 'n redelike kans te gee om die emosioneel gelaaide artikels te verwyder. Op 'n dag kom hy egter onverwags binne, moeg, warm, omgekrap en nie in die stemming vir bogtery nie. Sy vlieg op, tolletjies gare en spelde saai oor die vloer.

"My hemel, Beatrice, dis nie nodig om so vreeslik te vlug nie," sê hy geïrriteerd. "Dink jy ek stel belang in die verskansings en omhulsels om so 'n droë ou koek?" Dit was verskriklik. Met 'n snik en 'n hyg verlaat sy die kamer, struikel die gang af en grendel die kamerdeur agter haar.

"Ek dink nie dit was nodig nie," sê my ma kil, staan op en vat self haar gares en tolletjies preuts bymekaar.

My pa gooi sy hande moedeloos in die lug: "Ja, ja, toe maar, ek weet ek moes dit nie gesê het nie, maar hemel onse, ek is nie opgelei om met sulke soort mense te werk nie. Ek is net 'n gewone mens en ek is sat vir haar."

Sy het haar goed gepak en vir my ma laat weet dat sy

onmiddellik stasie toe geneem wil word. Sy het ons drie Desembervakansies geïgnoreer, maar daarna was die rowe van die wonde af en alles soos tevore.

Die enigste keer wat my ma haar humeur heeltemal met tant Beatrice verloor het, was toe sy haar op 'n dag voor my kleinboet Jan se siekbed kry, besig om vir hom te vertel hoe wonderlik die hemel is en hoe graag Liewe Jesus hom daar wil hê. My ma het haar met geweld uit die kamer geneem en buite in 'n gesmoorde stem aan haar gesê: "Jy sit jou voete nie weer in sy kamer nie."

"Maar Anna, die hemel ... Wie moet hom van die hemel vertel in 'n huis waar niemand dit doen nie?"

"Hou jou mond van ons godsdiens af of jy trap hier! En as daar van die hemel vertel moet word, sal ék dit doen." My ma het bewend die huis uitgevlug en die veld ingeloop. Tant Beatrice het soos 'n verkeerdeveerhoender rondgestaan: Sy kon nie kop of stert van die uitbarsting verstaan nie. Sy kon nie weet nie dat my broertjie, toe so sewe jaar oud, jaar ná jaar platgetrek is deur akute aanvalle van sinkingskoors wat hom weke lank in 'n vaevuur van koors en pyn skroei waarin hy al kleiner en skraler word, sy oë al donkerder en groter en kontak met die hemel al wesenliker en meer verlangend! Dan maak ons beurte by sy bed om hom grappies te vertel, enige lawwe storietjie of speletjie juis om hom van die dwingende roepstem van die Groot Land anderkant die graf te laat vergeet.

Nog 'n ontydige beëindiging van so 'n kuier het gebeur toe ek al groot was en my universiteitsmaat, Lina Viljoen, by my gekuier het. Ons was natuurlik so volleerd en vol eiewaan soos net universiteitstudente kan wees en ons was daarop uit om die paar boerjongetjies van ons omgewing op stadsmaneuvers te trakteer. Daar was tydig en ontydig 'n aanloop sodat selfs my ma 'n woordjie gespreek het om ons daaraan te herinner dat "he who steals my purse, steals trash but he who steals my good name, steals that which cannot enrich him but leaves me infinitely poor". Tant Beatrice was tot in haar siel geskok oor die seuns wat sommer net daar kom – sonder sprake van 'n "aansoek" – en heeltemal seker dat hier selfs van beursies nie meer sprake was nie. Sy kon ons later skaars aankyk.

Ons het tant Beatrice nie eers raakgesien nie. Ons het ons verbeel ons is navolgers van die leerstellings van Plato (soos uiteengesit in die Encyclopedia Britannica) en ons het ure daaroor geredeneer of ons gewetens ons behoort toe te laat om met NG-tokkelokke na CSV-pieknieks te gaan – as dit tokkelokke is met motors, die blouste blou oë en 'n sin vir humor. Ons het 'n sin vir humor destyds byna net so hoog as Plato aangeslaan en 'n motor heelwat hoër.

Op 'n aand daag advokaat Swart en sy gesin onverwags daar op – 'n kuier wat in ons gesin altyd voorrang geniet het. My ma roep ons dogters haastig bymekaar en herpraksseer die slapery, want ons had net een vrykamer, en daar moes altyd beddens geskuif word. Lina sou by tant Beatrice slaap, Dalena Swart by my, en so meer. Ons skuif haastig beddens en trek oor.

Na ete is my ouers met hulle gaste na die voorkamer, ons was skottelgoed, en hier kom tant Beatrice wat die hele aand swygsaam aan tafel gesit het, by Nooientjie: "Jy is die oudste, ek wil jou sien." Nooientjie stap ewe gedwee agter haar aan, en ons ander agterna.

Daar is niks aan haar persoonlik gesê nie, maar sy verneem dat die "meisie" – dit is nou Lina – by haar in die kamer moet slaap. Sy wil net sê dat dit nie kan gebeur nie. Die meisie se goed moet dadelik uit haar kamer. Nooientjie probeer verduidelik van gaste en net vir solank, maar tant Beatrice sê sy as familielid is op sekere maniere van versorging en beskerming geregtig en uit moet die meisie se goed. Sy staan daar teenoor ons meisies, middeljarig, woedend en dodelik beslis. Ons was in geen opsig mans genoeg vir haar nie, ons was om die waarheid te sê grillerig bang vir haar. Om maar 'n einde aan sake te maak, vat ek Lina se tas en begin dit uitdra. Nooientjie en Lina vat weerskante van die matras sommer met beddegoed en al om die bed te kan oordra, maar in die haastigheid vat hulle die verkeerde matras – tant Beatrice s'n – en toe hulle dit skuins lig, val stukke vrugtekoek, perskes en tant Beatrice se handsak onder die kussing uit op die grond.

Ek wil nog help optel, maar tant Beatrice spring met 'n oerkreet vorentoe, raap en skraap haar besittings bymekaar, brabbel van woede – haar gesig vertrek en haar oë blind. Ons skrik so groot, ons dop soos ertjies by die deur uit en gaan kajuitraad in die kombuis hou. Die situasie is ons nou te magtig, en ons gaan vis my ma onder die grootmense uit.

Ons kom almal agter my ma aan die kamer binne. Tant Beatrice sit regop in haar bed, haar nagrok aan. Verskeie dokumente lê om haar, en haar handsak staan oop. Sy is besig om te kyk of niks vermis word nie.

My ma, vol groot welwillendheid, verduidelik die posisie. Sy sal dit waardeer as tant Beatrice sal besluit wie by haar in die kamer moet slaap. Tant Beatrice kyk ons soos 'n ry kastrolle deur. Sy verkies dat Dalena, advokaat Swart se dogter, by haar slaap, sê sy waardig. Wat ons betref, is die hele saak opgelos. Ons dra Dalena se koffer by tant Beatrice in die kamer en gaan later slaap.

Ons het nie rekening gehou met die feit dat Dalena tant Beatrice glad nie ken nie en al wat sy van haar gesien het, die woedeuitbarsting 'n paar uur tevore was. Ons kon nie dink dat daar nou in Dalena se gedagtes figure sal opskemer van middeljarige mal vroue uit Brontë-verhale wat snags in die gange rondsluip en met diaboliese lagbuie op hulle slagoffers toesak nie.

Die lig was net 'n rukkie dood of daar is 'n dringende geskuifel in tant Beatrice se kamer. Dinge val en raas, daar is 'n gil, die deur ruk oop en iemand hardloop die gang af, die huis uit. Ons het Dalena buite in 'n histeriese toestand gekry. Tant Beatrice wou haar aanval, beweer en bevestig sy. Daar is vir haar dadelik 'n bed in die sitkamer opgemaak. My ma wat binne gaan ondersoek instel het,

het tant Beatrice, nog regop in die bed gekry, haar oë groot en eienaardig verwese.

"Die dogter het 'n toeval gekry," sê sy so waardig moontlik. "Sy is, ek sou dit nooit van so 'n hooggeplaaste se kind sê nie, maar ... lyk my nie goed gebalanseerd nie."

"Maar wat het gebeur, Beatrice?"

"Ek het net onder haar bed wou soek na sekere dinge wat ek vermis ..." Sy hou hulpeloos 'n pakkie uit met 'n sakdoek daarom gedraai.

Toe vra my vriendin Lina meteens hier langs my: "Kan ek nie nou maar by Tannie slaap nie? Ek word juis weer bang as ek alleen is. Ek sal Tannie nie pla nie."

Tant Beatrice herspan haar seile om die nuwe wending te hanteer: "Ek hou nie van kamers deel nie," sê sy waardig, "maar aangesien dit 'n huishouding is waar dinge nooit behoorlik georganiseer word nie, moet dit dan maar. Jy mag hier slaap."

Dit was in werklikheid nie meer nodig nie, want Dalena sou in die sitkamer slaap, en dit was op my tong om dit vir Lina te sê, maar iets in haar gesig het die woorde teruggehou. Die nag het verder sonder voorval verbygegaan. Die volgende oggend het tant Beatrice nietemin na 'n onbekende bestemming vertrek en tot aan die einde van haar lewe het sy geglo dat advokaat Swart persoonlik die geheime polisie lei in hulle soektog na leidrade om haar te laat veroordeel.

Lank daarna praat ek eendag weer met Lina oor die voorval: "Hoekom wou jy toe opsluit by haar gaan slaap?

Sy was in 'n sekere sin onberekenbaar, het nie van jou gehou nie en sy kon jou leed aangedoen het."

"Ek weet nie," sê my maat, "dis toe ek haar so sien sit in haar verrekte ou celanese-naghempie met haar flapperige arms, en haar ou honger gesig met die stukkie koek in haar hand ... Dit was troukoek, weet jy, wat onder haar kussing was. Sy wou daarop slaap om te droom met wie sy gaan trou. Ek was vir haar skielik net jammer, jammer, jammer ..."

So wou tant Beatrice droom van mense wie se tande reëlmatig in hulle monde sit; mense wat nie die rokke wat jy vir hulle maak, sal laat skeef sit nie; wat jou sal vra om met hulle oor die hemel te praat; mense wat sal soebat om 'n troukoekdroom met jou te deel; mense wat na haar begrafnis toe sal kom.

Ons was vyftien op haar begrafnis, vyftien onaangeroerdes, vyftien wat keer op keer deur haar geweeg en te lig bevind is, maar darem tog vyftien.

Die begrafnisrede is droogoogs voltooi. Die dominee laat onversigtig gesang 130 vers 4 sing, en net vyf van ons kom die mas daarmee op. Toe hy die name van die draers begin lees, besef ek dat daar nie genoeg mans is om haar na die graf te dra nie. Net vier van die familielede is mans, maar die dominee lees die name: Agter die eerste naam kan hy sê: broer; agter die tweede: neef; agter 'n derde: swaer; agter 'n vierde: kleinneef. Hy kyk op, en na 'n knik van die man, lees hy die begrafnisondernemer se naam: teraardebesteller. Dan maak sy eie naam die ses draers voltallig: Petrus Pretorius. Hy bly 'n oomblik stil, en my oë skiet vol trane toe hy sag byvoeg: "'n Vriend."

EK IS MAAR ENE

As die vaatjie die oggend uit die ysoorkorste dam vir die eerste groot bees- en varkslag van die winter gelig word, het dit partykeer gebeur dat my pa by my ma kom en sê: "Boet, ek hét jou mos herinner aan die vergadering hier vanaand, het ek nie?"

Dan sal my ma haar lippe dunnerig trek: "Jy het beslis nié, anders sou ek nie gesê het ons kan vandag slag nie."

En my pa sal sê: "Ag, ek glo darem nie ons sal meer as vyf-en-dertig wees nie, net die gewone, en dit pruim jy mos sommer op jou nugter maag. Ek ken jou mos."

Kan 'n mens glo dat 'n intelligente vrou voor sulke deursigtige vleiery sal swig? Maar nooit het sy in gebreke gebly om hierná oop te blom in die skamerige, trotserige laggie waarmee sy die skering en inslag van haar liefde vir hom blootgelê het nie!

Daarna sal die Afrikanerbeeskeurder bel en sê sy datums het deurmekaar geraak, en kan hy asseblief maar vanoggend in plaas van oor twee weke by my pa met die keurwerk begin. 'n Halfuur later kom die tyding dat die roomafskeier gebreek het, en die koshuismoeder bel van die dorp om te hoor of my broer al masels gehad het, want hy lê daar met 'n uitslag en 'n hoë koors. Op so 'n môre steek my ma op 'n sekere oomblik in haar spore vas, daar kom 'n andersheid oor haar asof 'n onsigbare hand haar tot stilstand geroep het, onsienbare oë haar blik gevange hou, en sy sê stadig: "Vanmôre moet tant Trynie ook nog net hier uitslaan …"

En talle kere het dit jou werklikwaar gebeur dat ek kort daarna die onverklaarbare stoffie by die oskamp se hek uitken as die oop perdekarretjie van tant Trynie. Dan kon ek met 'n heerlike sin vir die dramatiese klimaks gaan aankondig dat daar 'n perdekar aankom en my inleef in my ma se neersmyt van die vadoek, haar sidderende sug, haar hulpbehoewende opkyk na Bo waar nou spesiale troos en bystand vandaan moet kom. 'n Tydjie daarna trek die groot ou reisiger na êrens uit my kinderdae haar karretjie onder die naaste bloekomboom in, sê die swart seun aan om die perde 'n bietjie los te gord en stap met haar handmandjie die stoeptrappies op.

"En ja, môre tint Ênn," sê sy in haar sonore ou basstem, en haar hele ronde gesig glim van plesier. Sy haal haar kakiesakdoek uit en snuit haar yskoue blou neus.

"Die windjie was vir jou skraal, tint Ênn, maar ek het darem hier uitgekom!" Asof ons al weke reikhalsend wag op haar koms.

Altyd het my ma se gesig versag, haar gespannendheid versmelt soos sy haar oorgee aan 'n ervaring wat om sy langdurigheid 'n soort van helende krag in hom omdra.

Sy en tant Trynie kom 'n lang pad saam. Só het sy met haar karretjie by my ma se ouers aangery gekom; ná hulle dood het my ma haar geërf. Jare later was sy die voorwener op my ma se begrafnis, en toe ek onlangs aan 'n deur met 'n partylys klop, sit tant Trynie onverwoesbaar soos 'n besembos in haar dogter se kombuis die baksel brood in die oond en laveer.

"My heninkies, ou Dôtie, en waar draf die kjint nou hene?" kerm haar swaar stem so gemoedelik soos altyd, en sy lag haar tandelose lag en voel-voel na die handige ou kakiesakdoek in haar voorskoot se sak om die lastige snuifwatertjie te keer – kompleet soos ek haar die eerste keer gesien het.

My ma en ons kinders het haar nooit anders gesien nie as met 'n bont langmou-sisrok en 'n kappie mct 'n geskulpte rand. Sy dra dik kouse en plathakskoene, gee lang manstreë en is op haar gemak in enige geselskap. Sy het rede om te wees. Haar ruwe lewe is 'n slagveld van onbesonge oorwinnings wat sy argeloos en met 'n dreunende lag geveg en behaal het. Hieroor, en nie uit misplaaste jammerte nie, het my ma uit haar besigste dag 'n uur uitgeknip om na tant Trynie se voorstand en welstand en toestand te luister. My ma het haar in enige geselskap – sy dit nog so luisterryk – na vore gebring en deeglik opgelet hoe haar gaste hierdie ou pioniersvrou ontvang en ongemerk hulle innerlike daarna geskat.

Tant Trynie, soos baie van ons, het nie veel agtergrondluister om haar in donker dae mee te troos nie. As jy haar na haar ouers vra, weet sy nie eintlik waar hulle vandaan kom nie – maar baie rondgetrek en so aan.

In die Anglo-Boereoorlog, toe so baie onaansienlikes paspoorte na roem gekry het, was dinge ook maar onsuiwer. My ouers het nooit met tant Trynie oor sulke dinge gepraat nie. Hulle het geweet en vergewe, maar ek het haar op 'n dag gevra. Sy het oor haar knie gevryf en met kinderlike erns my die storie vertel.

"Sien, ou Dôtie, met dié dat hy – haar pa – toe die af sleutelbeen gehad het, kon hy nie, ek meen nou, op kemando nie. En met dié dat die Boere hom nou oopgetrek het en so vreeslik geslaan het, het die Ingelse hom gevat, Dôtie. En dwarsdeur die oorlog het hulle hom by hulle gehou. Saans as die son ondergaan, dan trek hulle die laer óm hom dat hy nou nie kan wegkom nie. Nou hulle is 'n laer, kjint, en hy is maar éne! Hoe kon hy nou wegkom?"

A, tant Trynie, is dit nie die mooiste in ons dat ons maar altyd die lakens regtrek oor daardie dwars ou voorsate van ons nie.

Van haar skoonfamilie se kant was die stryd, as dit moontlik is, van nog ongelyker aard, en dit hang met 'n interessante stukkie plaaslike geskiedenis saam. Van al die geskiedkundige plase in ons distrik is daar seker nie 'n geskiedkundiger een as Strydfontein, digby Kroonstad, stroomaf met die Valsrivier nie. Die ou Voortrekker Dawid Malan het op pad na die Transvaal kort ná die Slag van Bloedrivier sy trek hier by die rivier laat staan en te perd

Transvaal toe gegaan om woonplek daar te soek. Toe hy terugkom, vind hy dat sy vrou, 'n Dreyer van haar sigselwers, die plaas by name Strydfontein waarop hulle uitgespan was, vir die wa waarin sy gestaan het en 'n saal en toom gekoop het. Dawid Malan was 'n man wat 'n stryd met mening kon voer, maar 'n nederlaag waardig kon aanvaar. Hy het hier gebly en een van die toonaangewendes van die Middel-Vals geword.

Gedurende die Anglo-Boereoorlog het een van die Engelse laers op die plaas gestaan, die hospitaal vir Engelse soldate was daar, hulle veetroppe het daar geloop, en die plaas was dikwels die teiken van Boerestrooptogte. Ná die oorlog het die Engelse opperbevel op aandrang van Emily Hobhouse die plaas gekoop en vir rehabilitasiedoeleindes opsygesit. Hulle het dit The Meadows herdoop. Hawelose boere kon daar huisvesting kry in ruil waarvoor hulle 'n opvangdam moes bou, kanaalslote uit die Valsrivier grawe en besproeiingsboerdery moes toepas.

Die opvangdam is gebou en die slote gegrawe – albei is vandag nog daar te sien – en die lande op die gelykte bo die wal reggemaak, maar ongelooflik soos dit mag klink, het niemand vantevore vasgestel of die rivier op daardie plek standhoudend is nie. Ná die somerreëns die eerste jaar verby was, lê daar toe net myle en myle sandbanke in die rivier, met hoegenaamd geen klipformasie om 'n dam op te grond nie. Die Engelse het stilweg van die grond ontslae geraak. Dit is onder baie aantreklike voorwaardes verkoop aan vier Engelse Tommies en 'n joinerboer. Die boer was tant Trynie se skoonvader.

Die tyd toe tant Trynie met haar man, Hendrik getroud is, het haar skoonpa van die hele plaas net 'n klein plotjie oorgehad, wat nog meer was as wat die Engelse vennote oorgehou het. Sy en haar man het digby 'n plotjie gekoop. Hy het 'n verdienste op die pad gehad, en sy het op die plot geboer. Sy het 'n man se werk gedoen, as dit nie twee s'n was nie. Hulle het die plot betaal en later 'n tweede bygekoop. Die plot was nie ver van my ma-hulle af nie, en so het die vriendskap van leen en verleen begin. Daar was vroeër nie water op die plot nie, en sy het by my oupa kom water leen met 'n karretjie en twee kalwers. Hulle het heelwat meer as water op die koop toe gekry, want Middenspruit, die ou hereplaas, was self 'n rehabilitasiesentrum waar die een hand nie die ander lastig geval het oor wat hy doen nie.

Tant Trynie en haar dogtertjie Mart het die eerste permanente woning op die plot so gebou: As hulle Lodewyk, die baba, se doeke was, hou hulle die water en hiervan maak hulle elke dag 'n paar stene. Party reën weer stukkend, maar party kry hulle darem gebak. Die eindresultaat was 'n steen van siergehalte, want die grond was reg, en vanselfsprekend kon daar nie op die bindingsgehalte van die water verbeter word nie. Hulle het 'n swarte gekry om te help bou. Aan die einde van die bouery was daar nog 'n klompie stene kort en die swarte het gesê: Daardie, dit gee hy nou vir tant Trynie en Mart present.

Die presiese getal onthou hulle vandag nog: vyf-en-sestig.

Daarna moes die waterprobleem opgelos word. Sy en Mart het 'n katrol by my oupa te lene gekry en daarmee, 'n stel rourieme en 'n ysterpaal het hulle twee boorgate op die plot gesink. Die eerste gat het die oom self verongeluk toe die ysterpaal op 99 voet onder in die gat bly steek. Die oom wou 'n koevoet laat insak om dit los te stamp, die tou het gebreek, en daar sit hulle toe! Hulle het toe maar weer van voor af begin boor en op 102 voet water gekry. Die pomp staan vandag nog daar – die betroubaarste water op die plot, aangewys met 'n stokkie deur Michiel van Deventer, een van my oupa se voormanne wat 'n vermaarde waterwyser was.

Daarna het dit wat die stoflike betref, net voorwaarts gegaan. Tant Trynie se harde werk, afgewissel deur stylvolle bedelary, het hulle dwarsdeur die depressie anderkant uitgesleep.

Bedel was die onderliggende maar sorgvuldig versweë rede vir haar besoeke aan ons, hoewel my ma dit nooit só wou insien nie. Tant Trynie het haar mandjie groente gebring, soos enige goeie boervrou dit vir 'n ander sal bring. Die groente was meestal verlep van die lang rit in die oop karretjie en onbekwaam, want die water op die plot was maar altyd skraps, maar hulle het, wat my ma betref, nooit in gebreke gebly om te vergoed vir die twee pond wat sy tant Trynie ter afskeid in die hand gestop het nie.

Ons was nie die enigste mense wat sy só besoek het nie, en daar kan met stelligheid beweer word dat tant

Trynie in daardie jare al mens op Kroonstad met 'n betalende groentetuin was.

Tant Trynie het nooit haar man saamgebring nie, en ek dink nie dis oor sy nie met hom kon klaarkom nie. Mensekenner wat sy is, het sy geweet dat dit afbreuk sou doen aan haar beeld na buite as hulpbehoewende vrou. Wie dikwels wel met haar saamgekom het, was haar goeie vriend Koekemoertjie, en niemand kon beter as hy vir die besigheid wees nie.

Oom Piet Koekemoer, of Beatle, soos hy deur die skoolkinders genoem is, was nie net gebreklik nie, hy was geheel en al misvormd. Hy het kop, arms en bolyf gehad, maar sy onderlyf en stokkiesbene, soos dié van 'n sprinkaan teen sy lyf opgetrek, sou in 'n groot papiersak pas. Hy het met sy twee kragtige arms sy hele onderlyf van die grond af gelig, deurgeswaai vorentoe, grondgevat daarmee, vervat en hom só met swaaibewegings vorentoe gestoot.

Hy het by oom Piet Theron, ons skoenmaker, voltyds en eerlik gewerk. Hy het altyd 'n swart hemp gedra en sy jammerlike ou beentjies toegedraai met swart verbande. Die swart, babaklein skoentjies – die een heeltemal anders en kleiner as die ander – het Piet Theron self met groot bewoënheid vir hom gemaak. Hy was desnieteenstaande 'n aanvaarde lid van die gemeenskap, die eerste om tydens die Ossewatrek sy baard te laat groei. Ek onthou nog die argument destyds toe oom Piet Theron vir hom by die kerk om 'n invalidestoel aansoek gedoen het en my oom

Bouwer die saak hanteer het. Oom Bouwer was hoofouderling in die besonder en hoofbewaarder van Kroonstad se sedes in die algemeen.

"Maar Piet, weet jy dat die man drink?" het oom Bouwer vererg gevra.

"Ag, Bouwer, as jy na die letter daarvan moet kyk, drink hy seker. Wie sou nié as hy hy was nie?"

Kerke kyk ongelukkig na letters, en Piet Koekoemoer het nie sy stoel daardie tyd gekry nie, maar dit is onwaarskynlik dat hy dit so handig as sy arms sou kon gebruik het. Hy het steeds soos 'n vlermuis die straat afgeflapper, kon hom ongelooflik rats van die grond af opraap en bo-op 'n toonbank spring. Dit was winkeleienaars en miskien ook sy eie heimlike plesier om vreemde winkelmeisies paniekbevange te hoor gil as hier skielik van nêrens af 'n swart gedaante van die grond af opseil en haar met vinnige bruin oë sit en aankyk. Hulle het vertel dat hy dan voor by die meisies se rokke inloer, maar niemand het ook na die letter dáárvan gekyk nie.

Wanneer hy en tant Trynie by ons op besoek was, moes jy agterna die kombuisbediendes uit die rivierwalle laat haal. Swart mense was vir hom banger as die dood. Op 'n dag het tant Trynie by ons aangekom, nog in bont sis, maar met 'n rouband om die arm. Toe sy daarna gevra is, was die antwoord onbewoë: "Ek het so 'n slegte skade gekry, tint Ênn. Ou Hennerik is laas week vort. Die water sommer oor die hart, enne ek meen toe kon ons hom nie weer bykry nie."

Ons het daar niks van geweet nie. My ma was diep aangedaan oor die eensaamheid wat voorlê, maar skandelik gou het tant Trynie op 'n dag met 'n splinternuwe aanspraak daar aangekom – 'n ou oom wat tuis en op sy gemak by ons was sonder tant Trynie se aanspraak daarop uit die verlede.

Hierdie huwelik het net 'n maand gehou. Toe tant Trynie weer daar kom, was sy alleen.

"Hoe gaan dit met die getroude lewe?" wou my ma weet.

"Vrot, tint Ênn," sê sy kort. Hy het al haar hoenders verkoop, hy het haar varke en een jong vers verkoop en die geld gevat. Kos het hy nie gekoop nie. Al wat hy gebring het, was 'n kas en 'n katel. En met kas en katel is hy weer vort. Hy het haar voorgespring by die magistraat, want hy het 'n motor gehad, en ons het verstaan dat tant Trynie met die twee bruin perdjies en die karretjie nie 'n gelyke kans gehad het in die jaery om die huwelik eerste tot niet te kry nie.

Daar was verskil van mening in ons huis: my ma het onvoorwaardelik tant Trynie se kant gekies, maar my pa het twee gedagtes daarop nagehou. 'n Dubbelbed saam met tant Trynie sou nie noodwendig 'n bed van rose vir enige man wees nie. Gelukkig dat tant Trynie in haar lewe baie ander vriende het, sowel hier as in die hiernamaals, om die leë plekke te vul.

Sy het deurentyd in noue voeling met die geesteswêreld gebly. Voor my ouers het sy nie graag oor sulke dinge gepraat nie; sy sou dit net in die verbygaan noem dat sy verplig was om die voordeur toe te bou en 'n deur in die symuur in te breek, want oorle' Hennerik, haar eerste man, het nou die manier aangeleer om te dwaal, hoewel hy geen aardse rede daarvoor het nie. Daar het nie suffel ('n nalatige skietbeweging met die duim) ooit tussen hulle geskeel nie, sy graf het 'n behoorlike steen op en 'n omheining, en sy het dit met ses nuwe doringdrade laat afspan, so wat wil hy meer? Jy wil nou nie strik teen so 'n gees met toorgoed en dinge optree nie, en iemand het haar daarop attent gemaak dat om deure te verskuif die mooi en vriendelike manier is om 'n gees te laat verstaan dat hy nie meer welkom is nie.

By ons jonges het tant Trynie behoorlik op sulke dinge ingegaan. Sy het ons vertel van haar eerste ontmoeting met 'n spook: Sy was jonk getroud en het "geloop" met Mart, haar eerste kind. Sy het daardie tyd altyd afval gekrap vir oom Kerneels Delport, en sy was juis net voor die waenhuis op 'n helderligte maanligaand daarmee besig, toe daar meteens iemand aan die waenhuisdeur klop. Sy dag dit is Toon Kroukamp, haar jongste broertjie, wat die skool kar dryf, wat haar kom skrikmaak. "Haai Toon, los jou dinge uit," sê sy net.

Dis stil. En die klop kom weer.

"Moenie my hier staan en skrikmaak nie, ek sal vir Ma vertel wat jy doen." Dit is mos nou baie sleg om 'n vrou in die ander tyd só te treiter.

Toe die derde klop kom, besef sy Toon sal mos nie so

iets doen nie. Sy kyk op, en hier is die gees, haai, vas teen haar: 'n lang man, pik-inket swart.

In hierdie stadium van die vertelling sit tant Trynie vooroor in haar stoel, haar nekhare behoorlik soos 'n hond s'n orent, haar elmboë van die stoel se leuning buitekant toe opgerys, haar oë drie, vier tree in die niet vasgenael en haar stem lig, soos iemand wat meteens koue water teen sy ruggraat af voel. En wat sê die gees toe? Nee niks, en sy ook nie. Nie gepraat daardie keer nie, maar tant Trynie het geweet wat dit beduie. Die verskyning was van iemand aan wie daar onreg gedoen is. Is die gees swart, weet jy dat daar deur die lewendes aan hom onreg gepleeg is en is daar niks te vrees nie. Die kwaadwillige gees, beklemtoon tant Trynie, is die wit gees.

Sy het die werf noukeurig deursoek, en daar was dit: 'n graf, nie honderd tree van die huis af nie, nie toegemaak nie, niks nie, so oop soos jou hand, vir elkeen om oor die kale liggaam te trap. Nou moes ek vir haar sê watter afgestorwene so 'n onreg swyend sou verduur!

Sy het ons ook die treurige verhaal van Hannes, haar nefie, vertel. Hannes, 'n opgeskote seun, het my oom Bouwer se osse gedryf as hulle mielies wegry. Op 'n dag het oom Bouwer vir hom 'n nuwe paar velskoene gegee waarmee Hannes baie in sy skik was.

"Oom Bouwer, nou sal jy sien hoe dryf ek die osse," sê hy nog, en dit was nie twee dae daarna nie, toe trap die wa hom dood. Hy kon die osse nie vinnig genoeg omkry om die wa by dié hek te krink nie, toe druk die wa hom teen die hekpaal vas en morsdood. Dit het nie ver van die plot af gebeur nie, maar haar man wou nie hê sy moet daar naby gaan nie, want sy was toe "só" met Frans, haar seun. Die mense sê Hannes het nog geleef toe hulle by hom kom, net sy hele borskas was inmekaar gedruk. Hulle sê as daar net iemand was met die teenwoordigheid van gees om sy borskas weer op te trek, hy dalk gered kon word. Nou, Hannes het natuurlik daarna gedwaal. Op aande dan is daar 'n lig by die hek, soos van 'n flitslig, en jy hoor iemand op die osse skree en die gerammel van die wa, en as jy naby kom, kan jy sien dis onmiskenbaar hy, met sy nuwe velskoene aan. Dit was niemand se skuld nie, en jy kon nie daar van 'n onreg praat nie. "Maar die dood was te skielik op hom, en dis hoekom die kjint nie sy rus kon vind nie."

Vanselfsprekend het tant Trynie op haar dae las van goëlery gehad. Daar was 'n klein Pieterse wat so agter Mart aan was en sy, daardie tyd, nog 'n skone kind wat nie standerd ses gemaak het nie. Hulle het hom belet, en die daaropvolgende goëlery het ons kinders oor baie besoeke heen in spanning gehou. Dit is altyd nes die man nie daar is nie dat "hy" kom: trek die meisies se hare, trek Frans se tone. Sy kon nie waag en laat die kinders alleen in 'n vertrek as haar man weg is nie. Van slaap was daar soms nagte aaneen geen sprake nie. Op 'n keer was my ma onversigtig genoeg om tant Trynie 'n varkham present te gee. Daardie nag het hulle behoorlik hel gehad, want so iets kan 'n goëlaar nie verdra nie. Toe hy daardie aand "besjint te stamp", het tant Trynie die haelgeweer uitgehaal en hom voorgelê. Sy het spesiaal 'n bord sop met stukkies varkspek daarin by hulle in die kamer gehou. En glo nou, terwyl sy nog so met die geweer lê, voel sy iets begin te stoot aan die geweer: druk sy dit eenkant toe, druk hy dit terug. Sy het geweet, kry "hy" die geweer, gaan daar 'n ramp gebeur. Hulle moes maar met geweer en al gaan herberg soek daardie nag. Sy het Pieterse se mense met die saak gekonfronteer, maar hulle het lewe en dood gestry. Die goëlery het naderhand so dwarsdeur haar liggaam getrek dat sy ons beswaarlik nog kon besoek.

Sy het die ou beproefde raat gekry om 'n greinhoutplank te vat, 'n goeie kwas daarin uit te slaan en dan, as die goëlaar daar is, deur die gat met haar regteroog te kyk om hom te sien. Tant Trynie het die plank voorberei en hom ingewag, maar ook dit moes sy oorboord gooi, want toe die goëlaar begin, tref die gedagte haar skielik soos 'n weerligstraal: Sien sy die goëlaar, bring sy hom tot gestalte as 't ware, dan sien hy háár ook en "as hy my daar aanrande, Dôtie, wat van die kjindertjies? Ek is éne, en hy ..." Haar stem sterf weg met ontsag by die gedagte aan die heerskare van die duisternis wat aan Pieterse se sy staan.

Gelukkig vir tant Trynie en Mart en vir nog baie ander mense onder soortgelyke omstandighede dat die betroubare ou Slams met sy toorgoed nog daar is. Dié een was 'n swart toordokter uit Ficksburg se wêreld wat sy toorgoed by die hek tussen hulle en die Pieterses begrawe het. Hy het aangebied om Pieterse vir hulle dood te maak, maar tant Trynie se man het gesê dit sal hy nie toelaat nie. En daar is oom Hennerik net soos alle ander goëlgeteisterdes wat ek ken. Hulle is, ten spyte van wat hulle aangedaan is, nooit op wraak bedag nie. Die ergste waartoe hulle sal instem, is 'n bietjie kookwater gooi sodat die brandmerke die dag daarna die skuldige kan verraai.

Die Ficksburgse besweerder het 'n geringe variasie hierop gedoen. Toe Pieterse, die goëlaar, daardie nag deur die hek kom, was daar 'n geluid soos wanneer jy 'n hoender se kop afkap of soos 'n vark as jy hom steek, en dit was die laaste ... Die Pieterses het kort daarna weggetrek. Hulle bly nooit waar hulle betrap is nie, hierdie goëlaars. Mense wat Pieterse later geken het, het gesê jy kon dit aan sy stem hoor: bietjie heserig, asof hy een of ander tyd 'n drukking op die strot kon gehad het ...

En nou bly ek vandag skaars drie myl van die Pieterses se opstal af; ek kan gaan wys waar die wa vir Hannes getrap het. Daar is so baie van dié wat ek liefhet wat skielik deur die dood van my weggeneem is, dat ek kwalik kan glo hulle kan rus vind, maar tant Trynie se naelstring met die onsienlike om hulle te hoor en te sien en vriendelike woorde met hulle te wissel, ontbreek by my en ek vind dit 'n groot leemte in my lewe.

DIE GOEIE JOOD

In elke Boer se lewe, het die ou mense altyd gesê, is daar een goeie Jood. Die goeie Jood in my kinderlewe was 'n man met die naam Harry Abrams, die saal- en tuie-maker van ons dorp. Hy was, toe ek hom begin opmerk het, in die fleur van sy lewe, op die oog af die toonbeeld van die albaster-, snuif- en kwansel-Jood van die platteland wat elke Boer, Moor en Indiaan op die dorp op sy voornaam genoem het. Eers wanneer jy hom baie goed leer ken het, het jy agtergekom hoe verleë hy in ruwe geselskap en hoe onbeholpe hy in sy veronderstelde beroep was. Dan het jy ook verstaan waarom die boedel wat hy uiteindelik nagelaat het, so beskeie was.

Toe ek en my niggie Tientie van die plaas af dorp toe gekom het om vir die skoolgaan by my ouma te loseer, het haar erf rug aan rug met Abrams se winkel aan die kerkplein gelê. Tussen hulle was 'n hoë afskorting van sinkplaat.

Tientie en ek was bang vir winkels. Om 'n griffel te gaan koop, om Helena Lochner se storieboeke by die biblioteek uit te neem, om by die swembad in te kom, was alles dinge wat ons op beskroomde gebaretaal voor suur Engelse klerke moes klaarspeel. Dit was voor die tyd toe Engelse handelaars daar voordeel in gesien het om Boerekinders in hulle sake tuis te laat voel. Hulle het gereeld drentelendes voor hulle winkels weggejaag in die vaste geloof dat enige Afrikanerkind sou steel as jy jou rug op hom draai.

By mister Abrams se winkel was dit anders. Dit was sy ruilhoenders wat ons soggens wakker gekraai het, net soos op die plaas, en agter die sinkplaatheining kon jy perde en tef en poetoepap ruik. Daar het gedurig uitgespande karre op sy erf gestaan: Boere het binne oor die depressie sit en kla, en sy winkelvensters het die enigste negosieware vertoon wat vir ons betekenis gehad het.

Smiddae, ná ons met ons huiswerk klaar was, het ons die ou skaafskoene uitgeskop en mekaar se hande gevat. Dan verdwyn die dorp en sy mense en ons word twee karperde wat sekelnek die straat op draf, die hoek óm na mister Abrams se winkel om ons daar in die wonderland van sy winkelvensters te verloor.

Nuut en bruin hang die dubbel- en enkeltuie in ryk gestikte stringe aan die penne, die elegante, gevlegte ryswepe daarnaas, die saals waarop edelmanne sou kon ry, die glinsterende stiebeuels ... Daar was koningsblou geborduurde saalklede, tooms met rooi glasinsetsels soos robyne en fantasties gedraaide stange en kenkettings wat vir ons silwer en goud was. Mister Abrams het ons nooit voor sy vensters weggejaag nie.

Maar dit is nie waarom ek hom 'n goeie Jood noem nie.

Ek was tien jaar oud toe my pa my eie perd vir my gekoop het – Kweper, 'n geel boerperd met swart maanhare en stert en 'n beduiwelde krom neus. Ek was al mens op die plaas wat hom kon ry, nie omdat ek 'n besonderse perderuiter was nie, alleen maar omdat hy my toegelaat het om dit te doen. Om Kweper se guns te behou, was vyf jaar lank een van die mees wesenlike strewes in my lewe. As ek die toom van sy kop trek sonder om 'n bakkie mielies vir hom te hê om aan te peusel, kon ek in die aarde sink voor die veragting in sy swart oë; as ek as gevolg van grootmens-halsstarrigheid 'n paar dae na mekaar nie kon ry nie, het ek na sy kamp gehardloop om dit met handgebaar en in my beste Afrikaans aan hom te verduidelik. Kweper het my dan jammer gekry, ek kon dit in sy oë sien.

Toe sê my pa dat ek ook my eie saal en toom by mister Abrams kon gaan uitsoek en só eindelik saam met hom die heiligdom binnegaan.

My pa het mister Abrams teruggehou toe dié my wou help, en ek het lank en verwonderd soos in 'n betowerde grot rondgedwaal. Eindelik sien ek hom. Al was daar duisend ander saals, sou ek hom as myne herken het. Ek kyk daarna, dan weer na ander en word tot die dood toe bang dat hy nie meer so mooi sal wees as ek weer na hom kyk nie, maar elke keer word hy mooier en mooier. Ek gaan roep die grootmense en wys die saal aan.

Mister Abrams gee 'n kreet, draai rondomtalie en vou sy hande soos een wat bid: "Ach nein, but nein mister Serfontein, nie daardie een nie!"

My pa staan ook heeltemal uit die veld geslaan.

"Ach, laat ek haar rondwys, asseblief maain friend. Abrams sal jou groot afslag op 'n ander saal gee. Ach, I see her standing voor die shop elke middag soos of dit voor 'n Krismisboom is. Nein, nein, this is not right ..."

Die probeem was dat ek tussen al die weelde 'n ou tweedehandse saal uitgesoek het wat iemand op 'n nuwe kom inruil het.

Mister Abrams trek my pa aan die arm weg en ek kon hom hoor sê: "Sien jy nie? Sy wil vir jou die geld spaar ... Laat ek haar vertel dat jy 'n jaar lank kan neem om te betaal!"

My pa het aarselend na my gekyk, toe stadig sy hand gelig en gesê: "Sy het dit self uitgesoek," en daarmee was die koop beklink.

Die volgende oggend toe hy en ek na ons opgesaalde perde aangestap kom, gaan staan hy en sê met 'n eienaardige klank in sy stem: "Ek sien dit nou eers raak – jou saal is presies dieselfde patroon as myne. Hulle lyk net eenders ..."

My keuse van 'n saal is daarna nooit weer bespreek nie. Maar dit is nie hieroor dat ek mister Abrams 'n goeie Jood noem nie.

Omtrent ses maande daarna het een van Harry Abrams se ruilkalkoene bo-oor die sinkplaatheining gevlieg tot waar ons en 'n paar dogtertjies in my ouma se agterplaas hop-scotch aan die speel was. Een kry toe die blink gedagte om aan mister Abrams sy eie kalkoen te gaan terugverkoop, en omdat ek hom geken het, word ek gestuur. Hy was bly om my te sien: Ek weet, want sy oë was toe soos my perd s'n. Hy het my 'n halfkroon vir die kalkoen betaal en gesê dat as ek nog kalkoene het, ek hulle tog moet bring. Hy het die kalkoen se vlerkvere getop voor hy hom terug in die hok gooi: Sulke kalkoene kan nie weer vlieg nie. Miskien kan ek hom hieroor reeds 'n goeie Jood noem.

By die vriende wat om die hoek gewag het, was ek die heldin van die middag.

Die naweek daarna is daar dorpsgaste by ons, en daar roep een my: "Ek hoor julle kleintjies verkoop Harry Abrams se eie kalkoen aan hom terug, 'ha-ha-ha'. Dis nie elke dag dat ons depressieboere die kans kry om 'n Jood onderdeur te spring nie, 'ha-ha-ha' ..." Daar is iets verkeerd, voel ek, en ek lag nie saam nie. Toe ek opkyk, sien ek dat my ouers ook nie die grap geniet nie. Die woord onderdeurspring lê soos 'n klip in my binneste.

Die volgende oggend laai my pa die ouer kinders by die skool af. Hy gee my 'n halfkroon: "Ek dink jy wil vir mister Abrams om verskoning gaan vra omdat jy hom bedrieg het en sy geld vir hom teruggee."

Bedrieg. Ek word yskoud, blind, doof: Ek struikel saam met hom die winkel binne en voor die goedige mens, so bly om my weer te sien, word ek nog boonop stom.

My pa stel die saak doodkalm: Sy kom die geld vir die kalkoen teruggee. Dit was mister Abrams se eie kalkoen, en sy vra om verskoning.

Harry Abrams kyk na my, en sy jammerte oor my vernedering bars in 'n sweet oor sy hele gesig uit: "But it is nothing, I knew it was my own. Ek is die mees enigste een wat kalkoene op die dorp het."

"Jy het dit geweet en dit tog gekoop?" My pa se stem word onheispellend.

"Ja, ek het. Ach, ek het geweet dit is net 'n grap, hulle is lus vir roomys," en hy lag nog ewe.

"Harry, dan is dit baie slegte besigheid wat jy gedoen het," sê my pa en ek hoor hy is kwaad. "Van jou kant af het jy 'n halfkroon gegee, van háár het jy haar eerlikheid gevat. Jý het my kind verkul, en nie sy vir jou nie, Harry Abrams."

Toe verstaan die albaster-, snuif- en gare-Jood wat met almal gemeensaam is dat hy veroordeel staan onder gans ander wette: sy eie. Daar kom 'n erns, 'n andersheid oor sy gesig. Hy trek hom regop en vat na sy kop asof hy hoed daarop wil regstoot. Hy lê sy hand op my hare en kyk die Boer oorheen aan: "Jy is reg, maain friend. Oor sulke besigheid moet Harry Abrams hom skaam. Ek sal sorg dat dit nooit weer gebeur nie."

Dit is waarom ek hom die goeie Jood in my lewe noem.

MET KINDERS EN
KOELDRANK OP REIS

Ons eerste dag in Kaapstad 'n klompie jare gelede is iets wat ek nie lig sal vergeet nie.

Ons het die rit daarheen in 'n idealistiese gemoedstemming aangedurf. Ons sou 'n vaal Vrystaatse gesinnetjie wees wat gaan vuur haal by die ou moederstad. Ons sou die jong, ontvanklike gemoedjies van ons kinders versadig met wingerd- en akkertooi, hulle oë vul met die wasige blou van Bolandse berge, hulle longe met die soutlug van Bloubergstrand se rotse – en onsself vir die lewenstryd op ons vaal vlaktes weer gaan onderskraag met die gees van Tas en Woltemade.

As ek byvoeg dat ons kinders toe onderskeidelik sewe, vyf en drie jaar oud was met die vierde klaarblyklik op pad en dat ons 'n dag en dwarsdeur die nag in 'n Volkswagen gery het om daar te kom, sal dit seker duidelik word dat ons met 'n paar feite van die lewe nie rekening gehou het nie.

Deur die onmeetlike Karoo, by die Hexrivier af, deur die bergpasse en oor bergstrome heen, deur herfsrooi wingerde en by Kaapse opstalle verby, het die kinders soos drie bere agter in die motor baklei, mekaar se plekke by die vensters afgeneem, mekaar se hare uitgetrek, mekaar met koeldrankbottels in die mond gestamp en oor my enigste hoed opgegooi. Toe ons die oggend skuins voor tien by 'n vulstasie aan die buitewyke van die Kaap stilhou, het ons al heelwat drome begrawe gehad.

"Is dit nie vreeslik dat hulle niks moois kan waardeer nie?" het my man gevra toe hulle by die deur uitbondel en met gekoekte hare op die koeldrankstalletjie afstorm. "Al wat hulle in die lewe sien wat die moeite werd is, is koeldrank. Al wat hulle uit die rit haal, is griewe." En hy kyk na my asof ons kinders vir hom skielik die bewys lewer van swakhede wat hy al lankal in my en my voorgeslag vermoed het.

Ek het die spul se hare probeer platkam, hulle gesigte bietjie afgevee, en ons het die Kaap ingevaar.

My man, ten spyte van harde knoue wat die lewe hom al toegedien het, bly die ewige idealis wat hotelle betref. Al leef ons tuis op ryswater, die enkele kere dat ons weggaan, oorweeg hy net die beste van die beste wat die AA se spesiale hotelgids kan bied. Hy bespreek altyd vooraf en indien moontlik 'n slaapkamersuite. By elke hotel waar ons bespreek, word daar dus met 'n mate van opgetoënheid gewag op ons aankoms.

As huisvrou het ek nie veel om op te roem nie, maar een deug het ek darem, en dit is dat ek altyd in die motortjie daarin geslaag het om my man se baadjie in die moeilikste omstandighede teen smeltende roomyse en sjokolades te beskerm. Omdat my kinders in sekere van hulle "stadiums" poppe teken in tjekboeke en padkaarte se hoeke afkou, neem ons vir dié dinge 'n briewetassie saam. Wanneer ons voor 'n hotel stilhou, kan ons altyd my man soos 'n vredesduif by die voordeur instuur in 'n toestand van puik beskawing, met 'n briewetas in sy hand. Ek sou 'n boek kon skryf oor die gesigsuitdrukkings van hotelbestuurders as hulle glimlaggend, met 'n string kelners agter hulle, saam met my suite-besprekende man by die voordeur uitkom en die klein, vaal motortjie met sy besmeerde ruite sien staan, die troepie stowwerige kaalvoetkinders eenkant aan die uitryg, gevolg deur 'n verwaaide vrou wat aan haar verkreukelde rok rem en haar bruin hoedjie op haar kop vasdruk.

Dan begin die afpakkery. Daar is altyd 'n opgevoude stootkarretjie wat moeilikheid maak, kretondoeksakke waaruit twyfelagtige geure styg, kussings met vuilgetrapte slope, skoene van alle groottes, suur bababottels, nartjieskille en broodkorsies, leë koeldrankbottels en 'n vreeslike velkombers – al ding wat my vyf kinders op ons omwandelings oorleef het. Laaste wat steunend uitsukkel, is wat ons op ons ritte "Our Nanny" genoem het, maar in wese was Dora ons bediende met groot plat plaasvoete en 'n kopdoek.

'n Hele klompie jare was dit onmoontlik om iewers sonder Dora tuis te gaan, anders is binne 'n paar uur ná ons aankoms die blommerangskikkings in die voorportaal omgestamp, die kleinhuisie verstop, die hyser buite werking, die hotelhond histeries en een of meer kinders weg.

Tot ons krediet kan ek noem dat wanneer ons by so 'n hotel wegtrek, my kinders altyd tot trane toe bewoë is om van die hotelpersoneel afskeid te neem. Terwyl die bestuurder ons ysig van agter sy lessenaar vaarwel toeknik, deel my seuns hulle laaste lekkers met die kelners, gee hulle die leë koeldrankbottels ter afskeid present, stapel Sotho-seënwense op hulle hoofde, beloof vir hulle werk op die plaas en hang halflyf by die motorvensters uit om terug te waai tot ons om die laaste hoek verdwyn.

Daardie dag in die Kaap was daar darem nog maar net drie kinders, met 'n vierde, soos ek gesê het, klaarblyklik op koms. Dora was nie saam nie, en die hotel was 'n swierige een in die middestad. Toe ons intrek agter 'n imposante swart amptelike motor, sê ek vir my man: "Kyk, dis nou byna halfelf. Die kinders het vanmôre nog niks geëet nie. Solank julle afpak, vat ek hulle gou na 'n kafee. Dis darem nog vreeslik lank voor etenstyd."

Ons spreek af, my man taamlik onwillig en bekommerd.

"Moenie ver gaan nie. Moet in hemelsnaam nie verdwaal nie. Moenie die hotel se naam vergeet nie. Sorg dat julle nie mekaar se hande los nie." Teen daardie tyd trek ons seuntjie, die jongste, al om die eerste hoek, die twee meisiekinders agterna om hom te vang.

Hy is gruwelik. Hy weier om ons hande te vat, hy drentel twee tree agter ons aan en as een aan sy hand durf raak, val hy plat op sy maag op die sypaadjie. Geen dreigement van polisieman of wegloop maak enige indruk op hom nie, hy is gedetermineerd om die Kaap op eie houtjie te sien. Intussen sien ons van 'n kafee geen teken nie. Dit nou in die grote Kaapstad! My tweede oudste, wat immer 'n oog vir die praktiese het, trek 'n verbyganger aan die mou: "Oom, waar kan ons 'n kêffie kry, Oom?"

"Goeie restaurant, vierde verdieping van hierdie winkel hier by julle. En jou oom is nie 'n oom nie, hy is net 'n bruin meneer, kleintjie." En hy tik haar simpatiek op die kop. "Van die Transvaal, Mêdem?" vra hy vir my.

"Is die oom dan 'n swarte, Ma?" wil die oudste verward weet toe ons na die winkel draai.

Dis welseker nie die tyd om Suid-Afrika se ingewikkelde samelewingspatroon te verduidelik nie. Ook nie nodig nie, want toe ons die winkel binnegaan, sien die drie die roltrap. Hulle ken 'n roltrap. Daar was destyds reeds een in Bloemfontein. Een verdieping hoog. En hier steier die roltrap in bandelose weelde van verdieping tot verdieping so hoog as wat mens met die oog kan sien. Hulle storm juigend vorentoe.

Terwyl ek stemmig na bo verrys, klouter hulle soos ape vooruit, spring bo af met 'n sprong asof hulle oor 'n breë watervoor spring, ry met die af-trap sommer vir die lekker weer ondertoe, waai in die afgaan begeesterd vir my, kom van agter soos bokkapaters weer opgestorm. Verdieping na verdieping styg ons seëvierend omhoog.

Op die vierde, waar die restaurant is, moet ek stelling

inneem, elkeen in die verbygaan met geweld van die opgaande of afgaande trap afruk en eenkant neersit. Hulle monde is nou almal dik.

Ons goeie bruin oom het nie oordryf nie. Dit moet 'n baie gewilde restaurant wees, want die mense verdruk mekaar om in te kom. Ons is verplig om in 'n tou in te val. Ek kyk om my heen en word al hoe onsekerder van myself. Ek weet die Kaap is iets besonders, maar dat die Kaapse vroue op 'n Dinsdagoggend vir inkopies so tof, het ek nooit kon voorstel nie. 'n Blik in 'n spieël langs my laat my nie lekkerder voel nie. Ons het 'n nag sonder slaap in 'n klein motortjie deur die Karoo gereis, en daar was niks om dié harde feit te verbloem nie. Daar is 'n leer in my kous, my hare is verwaaid, die sokkies van die twee meisiekinders was gisteroggend wit toe ons by die huis weg is, maar daarvoor sou mens nou my woord moet neem. En van sy platvallery op straat lyk my seuntjie soos iets wat uit die asblik kom. Meer nog as sy fisieke tekortkominge val die gees van onwelwillendheid in die oog wat uit sy hele wese straal, die onplesierigheid waarmee hy almal om hom aangluur.

Ek is op die punt om terug te draai toe ek voor die kassier beland.

"That will be seven and sixpence, Madam," en "Dit sal sewe-en-ses wees, Mevrou," sê sy.

Hemel, betaal jy in die Kaap nog voor jy weet wat jy gaan bestel! As daar ooit 'n tyd was om om te draai, was dit toe. Maar net die tikkie geringskatting waarmee haar oë oor ons vier veeg, bring die ou pioniersbloed in my na vore. Ek betaal so koel soos 'n komkommer.

En daar staan ons. Die plek is gepak. Van 'n paadjie is daar geen beduidenis te bespeur nie. Oral is ekstra stoele ingedra. Die mense sit bankvas.

En almal is Engels. Ek het nooit kon dink dat die Kaap so 'n Engelse nes is nie. En nie sommer gewone straat-Engels nie. Van die regte ou bloues, soos my pa altyd gesê het.

Van diep agter uit 'n hoek wink 'n kelnerin ons nader. Op goeie geluk af begin ons deur die stoele en tafels druk. Dit gaan bitter. Ek is te groot om te vorder, en die kinders te klein. Eindelik is ons daar. 'n Kelnerin raap my seuntjie op en gee hom bo-oor die koppe van twee mense vir my aan.

Dat ons nou van al die eet- en drinkplekke in die Kaap op die gewildste een moes afkom! Maar dank die vader ons sit.

"U bestelling, Mevrou?" vra 'n kelnerin ongeduldig langs ons. Reken so 'n mensekenner wat sommer Afrikaans met my praat!

Die kinders stamp aan my en wys na 'n ou dame aan 'n tafeltjie langs ons. Hulle wil eet wat sy eet.

Dis wafels. Ek aarsel. Ek het nie gemeen om iets omslagtigers as tee en 'n botterbroodjie te bestel nie. Dan dink ek weer aan my sewe-en-ses voor by die kassier. Ons moes dit verhaal, voel ek.

"U moet maar gou bestel, Mevrou, want as die vertoning eers begin, bring ons niks uit nie," sê die kelnerin.

"Vertoning?"

"Dis 'n modeparade, dame, wat die National Council of Women gee vir een of ander Engelse iets. Ek kan vir u 'n program bring as u een wil hê."

Stommerik wat ek is dat ek nie kon dink hier is iets eienaardigs aan die gang nie!

Ons moet dadelik hier uit! Ek wil opspring, maar my stoel is so vasgedruk dat ek hom nie kan roer nie. Nie ek nie, en nie Wolraad Woltemade met 'n groot sterk boerperd sal weer deur hierdie vasgepakte mensesee kan uit nie.

"Bring maar wafels met tee," sê ek gelate.

"En Coca-Cola," las my seuntjie by. Natuurlik. In watter eeu dink ek leef ek!

Ek begin om my rondkyk. En weereens kan ek nie verstaan dat ek die hele situasie nie vroeër opgesom het nie. Daar, lewensgroot in die middel, is 'n opgeboude breekwater waarop die mannekyne moet paradeer. Die hoede waarteen ek met die inkom so nonchalant gebeur het, verraai nou hulle couture-oorsprong, en onder die ou bloues merk ek ampsdraers, organiseerders en hooggeplaastes.

Toe kom die wafels.

Dit sal ek altyd van daardie wafels sê: hulle was bros, geurig, met 'n groot potjie goue rietstroop en 'n glasbakkie vars room daarby. Alles kompleet met eetgerei en papierservette.

En toe die kelnerin dit op die tafel neersit, die gedempte

musiek van die modeparade begin, en 'n mannekyn in 'n skamel nagrokkie in 'n kol helder lig verskyn, raak die goeie ou agtuurgees oor my kinders vaardig. Hulle ontspan totaal, hulle val met mening aan die wafels weg, hulle smeer stroop, hulle sny, hulle swaai hulle elmboë en bene, hulle klap vir die mannekyne, hulle trek skewebek vir Engelse kinders 'n ver ent van ons af. Die jongste plak die wafels soos 'n toebroodjie op mekaar en hap daarin dat die stroop in toue tussen sy vuil vingertjies druip. Van tyd tot tyd klim hy regop op sy stoel om beter te kan sien. En waar hy aan 'n stoelleuning vat, suig die stroop eintlik as hy sy hand wegtrek.

Ek keer. Ek paai. Ek doop my sakdoek in die swart tee en vee stroop af sover ek kan sien. Ek keer dié wat hulle teen die teepot wil brand. Ek keer dat hulle nie harder praat as die gedempte musiek nie. Ek keer dat hulle nie aan strye raak oor wie die meeste stroop gevat het en wie die kleinste wafel gekry het nie. Ek keer dat hulle nie die mense voor ons se hoede afstamp nie … Die sweet tap my naderhand af.

As dit 'n Afrikaanse byeenkoms was, is ek seker daar sou een of ander praktiese boervrou 'n nat geruite waslap uit haar inkopiesak te voorskyn gebring het. Of een of ander man met 'n aanvoeling vir dinge sou my seuntjie op die skouer getik en grimmig gesê het: "Boetman, as jy jou nie nou gedra nie, gooi ek jou vir die dieretuin se leeus."

Sulke soort gesag sou 'n magtige verbetering in my

omstandighede gebring het. Een of ander ampsdraer sou ook waarskynlik dadelik gemerk het dat ek nie daar is omrede die National Council of Women nie, maar baie duidelik om die Private Welfare of Children en my die pad na buite deur die kombuis langs help oopveg het – wat my nog die allermeeste van alles sou gehelp het.

Maar nee. Die Engelse mense het heeltemal 'n ander manier om so iets te hanteer. Hulle ignoreer dit net. Hoe stouter, hoe ondraagliker die kinders raak, hoe minder sien hulle dit raak. Dié wat naby ons sit, draai opsigtelik hulle koppe, hulle ganse bolywe van ons af weg, of kyk dwarsdeur ons heen asof ons onsigbaar is.

Eindelik is almal darem klaar geëet. Ek wens myself net geluk dat ek ten spyte van alles die situasie kon hanteer, toe my seuntjie helder hoorbaar sê dat hy wil piepie maak.

Ons probeer naarstiglik sy aandag vestig op die modeparade, probeer hierdie kant toe en dan daardie kant toe, maar hy bly daarby. Hy word iesegrimmig en kermrig. En ek weet hy gaan aanstons aan die skree raak. Dit, natuurlik, sal die einde wees. Nou ja, dan maar kyk wat ons kan doen. Hy moet tussen my en sy sussie kom staan, ons trek sy broekie halfmas en ons hou die Cola-bottel voor. Dit werk uitstekend. Ek dank net die liewe Vader dat hy nie iets verder wil maak nie. Ek sit die bottel tussen my voete om te keer dat iemand dit nie op die duur, dik mat omsmyt nie. Nog 'n mylpaal verby.

Gelukkig trek hulle darem in dié stadium al by die skemerkelkierokke. Ek kan op spoedige verlossing hoop.

Maar die natuur is 'n aansteeklike ding. Weldra kry nommer twee ook net so 'n vreeslike nood.

"Jy hou dit uit," sis ek in haar oor. Want nou is ons vas. Bottels werk nie by klein dogtertjies nie. Die stomme kind se oë rek al groter en groter, in werklike paniek. Maar ek bly steenhard. Wat nou nie kan nie, kán eenvoudig nie.

Maar eindelik is ek verplig om ook hierdie nood onder oë te sien. Ek druk al wat papierservet is in 'n bondel. Sy moet onder die tafel inkruip, op haar hurke sit en korrel na die bondel papiere. Ag, moet ek dan sulke ellendes beleef in wat ek aangesien het as die bakermat van my beskawing!

Dis oor halftwaalf toe ons daar uitkom. Ek glimlag ontroerend mooi vir elke kelnerin by wie ons verbyskuur, want ek weet iets omtrent ons tafeltjie se skoonmaak wat hulle nog gaan agterkom.

Onder voor die deur maal ek rond. Ek kyk in die vensters, ek bespied verbygaande verkeer, ek dink aan enigiets op aarde om my stygende angs die hoof te bied. Want ek het vergeet wat ons hotel se naam is. Die kinders hang en seur om my, almal is moeg, hulle wil koers kry en ek wéét nie. Ek kan onthou dat dit 'n heel simpel, onoorspronklike soort hotelnaam is wat op elke klein plekkie te sien is. Masonic of Royal of Victoria of ... Hemel onse, kan 'n mens so eenvoudig wees!

Ons slenter maar straataf. Maar ek weet ons het óm 'n hoek gekom. Die hoek waarom ons seuntjie so verdwyn het. By elke hoek bestudeer ek die kruising uit alle vlakke.

En intussen oorweldig die verskriklikste gevoel van wanhoop my. Ek is natuurlik al jare lank een van daardie soort vroue wat vergaderings vergeet as my man my nie herhaaldelik herinner nie, wat koeke in die oond vergeet as ek nie 'n wekker daarvoor stel nie, wat briewe skryf en vergeet om hulle te pos, wat, as ek lepelsvol goed afmeet, vergeet of ek ses of vyf of sewe klaar in het. Maar hierdie is darem seker die toppunt.

"Daar's ons hotel," roep my tweede jongste geesdriftig uit.

"Is nie! Ons hotel is die Grand Hotel, jou bobbejaan," sê my oudste uit die hoogte. "Dis om die volgende hoek."

Ek buig my verder vooroor in die diepste vernedering. Sien, dis die voordeel van 'n hele paar kinders. Daar is altyd een wat die nodige toerusting vir die krisis op hande geërf het.

Toe ons by die hotel aankom, sien ek drie mans in 'n angstige groepie bymekaar staan – my man, 'n konstabel en die hotelbestuurder. Niemand is bly om ons te sien nie.

"Dis nou vyf voor twaalf," sê my man met gedwonge kalmte. "Om presies twaalfuur sou die polisie die strate ingevaar het om na julle te gaan soek. Twee uur! En ons weet nie waar julle is nie. Besef jy dit? Twee uur!"

Dit is tog wonderlik hoe die natuur selfs vir iemand soos ek by tye met 'n ekstratjie seën. Ek glimlag liefies vir al drie om die beurt. "Het jy gewag? Ek is vreeslik jammer.

Ons was net by 'n modeparade." En watter heerlike opflikkering bring dit aan my verrinneweerde gevoel van eiewaarde om te sien hoe hulle as 't ware verskrompel soos drie tamatiestoele waaroor jy 'n skottel kookwater uitgeskiet het.

DIE HANETREE

My man roep my in sy plaaskantoor, kyk versigtig by deure en vensters of niemand afloer nie en neem my toe in sy vertroue. Dit kom daarop neer dat as dit 'n duim reën sodat sy lupines kan opkom, en indien sy ooie voor die einde van die maand klaar gelam het, en as ons 'n bagasierak bo-op die stasiewa kan laat monteer, ons in die Aprilvakansie 'n paar dae Kaap toe kan gaan.

Hierdie slag sou ons nie van hotelle afhanklik wees nie. Die gedagte is dat ons op pad by al ons ou vriende sal aanry. Die kinders – party van hulle altans – is nou groter, ons sal meer klem kan laat val op die besigtiging van historiese plekke, en ten slotte kan ons dan met die Tuinroete langs huis toe kom. Hy het voorlopig en tentatief vir ons 'n baie, baie aanskoulike rit uitgewerk.

"Jy lyk nie geesdriftig nie," sê hy toe hy klaar vertel het.

Ek probeer geesdriftiger lyk: "Nee, dit lyk gaaf. Sê my net, hoe dink jy so min of meer wanneer kan ons weer terug by die huis wees – ongeveer?"

Hy skuif die papier gelate tussen 'n hoop briewe in.

"Kom ons vergeet dit maar voorlopig."

"Nou maar hoekom? Ek sê mos dis reg."

"Jou hele benadering is verkeerd, ek sien dit mos."

Ek het my redes: Al is die stasiewa groter, die kinders het intussen méér geword. Die jongste is maar net ouer as 'n jaar. Dis een ding om met 'n groot gesin in die pad te val, miskien die nag deur te ry na 'n vakansieoord en daar tien dae lank af te pak en te ontspan; dis glad anders om 'n rit te onderneem waar jy elke nag op 'n ander plek oornag, ongeveer tweeduisend myl moet ry met 'n kind wat nog bottel drink.

En wat betref die ou vriende: Om ou vriende te verras deur op hulle toe te sak met vyf kinders en 'n bediende is 'n riskante onderneming. Die haastige konsultasies wat man en vrou soms in die kombuis moet voer om die onverwagte krisis die hoof te bied, ken ek: hoe hulle binne die eerste uur vis om te hoor of die koers vandag nog verder gaan, en of hulle die ergste wel kan verwag. En as mens oorbly, die verdwyning van die huisbaas, die vinnige wegtrek van sy motor om by vriende, bure en kafees dinge te gaan raap en skraap om almal vol en toe vir die nag te kry.

"Wie gaan elke aand die toue losvleg en die bagasie afdra en die volgende oggend weer alles oppak, seile oorsit en vasdraai?" vra ek. Want as daar een lui Suid-Afrikaner met vakansie is, dan het ek hom getrou.

"Ek," sê hy.

Toe weet ek die rit is Pa se erns. Ek begin aan my gesindheid werk. Ons beplan die rit in die strengste geheimhouding en saans ná almal al aan die slaap is.

'n Week voor die skool sluit, kom een van my kinders se onderwyseresse my op straat teë. Terloops, sê sy toe, sy hoop ons geniet die vakansie in die Kaap, en as ons onthou, sal ons tog vir haar 'n brosjure oor die Skiereiland saambring. Sy behandel dit met die klas, en die gekleurde illustrasies is altyd so handig.

Ons kinders weet dus al lankal dat ons gaan!

Ja, het ek op hulle driftige konfrontasie beken, ons gáán Kaap toe. As hulle nie weer baklei voor ons ry nie. As daar die gewone bakleierye is, GAAN EK NIE. Met hoofletters. As ek my rus dan nie gedurende die vakansie kry nie, gaan ek hom minstens voor die vakansie kry.

Alles gaan toe ook baie skaflik ... tot die oggend voor ons vertrek toe daar 'n duiwelse rusie onder die spul uitbreek.

Ek sê niks. Ek gaan net na die koffer en begin my goed uitpak. "Jy gaan tog regtig nie so kinderagtig wees nie," sê Pa.

"Dis nie kinderagtig nie. As ek 'n kind 'n ding beloof, doen ek dit. Niks sal my groter plesier verskaf as om jou met die hele sous hier weg te stuur vir tien dae nie. Ek bly rustig hier agter. Ek lees al die boeke wat ek al die afgelope tien jaar wil lees. Smiddae gaan eet ek in die hotel en ek slaap hier by die huis. Ek vat net die hond en die haelgeweer en die draadloos by my in die kamer."

Hy kyk my ongelowig aan en stap daar uit. Gaandeweg word dit stiller daar anderkant waar die bakleiery is. Ek hoor hoe hy verduidelik: "En nou het sy haar klere uitgepak, sy bly. Nou gaan julle almal en julle vra vir haar verskoning oor julle gebaklei het."

Antjie (11 jaar): "Ons het nie gebaklei nie, ons het net geredeneer."

Pa: "Kootjie sê jy het hom geklap."

Antjie: "Ja, maar Pa weet self, as jy hom nie klap nie, wil hy niks verstaan nie."

Pennie (9): "Sy jok, Pa, sy het hom geklap vóór hy nog iets gesê het."

Antjie: "Ek het nie gebaklei nie, so ek gaan nie om verskoning vra nie. Ma kan bly as sy wil, ek 'check' nie."

Pa: "O so. Jý sal na die kleintjie kyk in die Kaap, nè."

Dis 'n nat hou, vir haar, maar sekerlik ook vir my.

Antjie: "Hoor hierso, Pa, ek is dik vir Ma. Nou het Ma almal om haar ongelukkig gemaak. Nou is sy doodtevrede. Nou het sy ons gespite, nou sit sy lekker. Sy geniet dit nou gate uit. Nou ja, ek sal nou óók my klere uitpak. Ek bly ook hier, want ek gaan nie na die kind kyk in die Kaap nie. Maar ek gaan ook nie vir Ma om verskoning vra nie."

Vyver (7): "Wel, ek gaan vir Ma om verskoning vra. Ek gaan nie hier bly nie. Kom, Pennie, kom ons gaan vra vir Ma om verskoning."

Antjie: "Ja, jy kan gaan, want jy het die hele tyd vir Kootjie gesit en lag, dis dié dat hy so geskree het. Maar ek gaan nie."

Pennie: "Oukei, kom ons gaan. Kom, Kootjie! Sies man,

vee af jou neus. En jy vra die eerste om verskoning. Alles is net deur jou, jou simpel ding."

Vyver: "Kom ons vat Jalie ook saam, man. Dat Ma kan sag word. Ag toe man, Antjie, kom jy ook, man, toe, man!"

Antjie: "Ek bly hier. Ek sal nie. Ek bly net hier."

Vyver: "Ag toe, man? Seblief, man!"

Antjie: "Ek sal nie."

Vyver: "Oe, maar jy is goor. Dis net rég, jy bly hier. Kom, julle ouens."

Hulle kom in. Hulle stamp aan mekaar. Hulle druk Kootjie dringend vorentoe, sis in sy ore, ruk hom rond. "Askies, Ma," mompel hy. Die ander vra ook ewe skynheilig om verskoning. Hier en daar vang ek so 'n glinstering in 'n oog.

"Nou ja, kom in hemelsnaam, druk die goed in en kom klim nou dat ons kan ry," kners Pa op sy tande.

"Maar Antjie het nog nie om verskoning kom vra nie," sê ek. Ek is self siek en sat vir die spulletjie, maar kan 'n mens haar nou haar sin gee?

"Antjie, kom vra jou ma om verskoning of ek gee jou 'n pak," skree hy woedend.

"Ek sal nie." Effens bewerig, maar heeltemal nootvas.

Nou ja, in hierdie late stadium verloor my sagsinnige man toe sy humeur: "Na die duiwel met jul al twee," brul hy. "Ek gaan Kaap toe. Ek gaan alleen. Dis nie die eerste keer dat ek alleen ry nie, dit sal ook nie die laaste keer wees nie. Dié wat wil saamgaan, klim! En dié wat wil bly, bly in julle malle verstand in."

Ek druk die klere holderstebolder terug in die tas, slaan hom toe en hol – loop vas teen my dogter. Ons meet mekaar: "Ekskuus, Ma." Met stywe lippe.

"Orraait." Net so styf.

Pa is volkome in beheer van sake: "Dot, jy staan by die deurtjie en kyk dat die kinders nie allerhande nonsens saampiekel nie. Antjie, jy sit links. Pennie, jy sit regs. Kootjie, jy sit in die middel agter. Vyver, jy sit voor tussen Ma en my. Jalie en Dora sit agter in die beerhok. Is dit duidelik?"

Ja-nee, dis baie duidelik.

"En ék sal sê wanneer en waar daar plekke geruil word."

Ek staan gedwee wag by die deurtjies. Pennie het 'n slaappop met 'n tassie klere. Ek weet die pop se oë gaan ingedruk wees as ons terugkom, maar toemaar tog. Antjie het 'n pak onwettige strokiesprentboeke.

"Waar kry jy dit? Jy weet jy mag dit nie hê nie."

"Ek het dit geleen by 'n ander kind." Ons meet-meet mekaar weer. Ag, toe maar tog, in vredesnaam. As sy dit nie saamneem nie, koop sy dit tog by die eerste en beste kafee. Vyver dra 'n inkleurboek en inkleurkryt. Mooi so. Staatmaker. Kootjie het 'n skoenedoos: Nou wat is dit?

Nee, maar dis nou 'n voëltjie wat hulle in die wip gevang het. En as die voëltjie nou hier bly, wie sal na hom kyk?

Geen voëltjie mag saamgaan nie. Gaan gee die voëltjie vir Hendrik Baai om op te pas. Ek gee die sleutels af aan die bediendes, gee bevele oor honde se kos en yskasdeure wat oopgelos moet word, en eindelik trek ons weg.

Dit was heeltemal 'n geslaagde vakansie. My oor het wel versweer, maar nie een kind het mangelontsteking opgedoen nie; daar is net een baaikostuum en twee paar sandale van ons op die Kaapse strande gesteel; ons het net drie pap wiele gekry en die bagasie het net een maal bo van die rak af gefoeter. Toe goeie vriende van ons in Riebeek-Wes ons verrassingsbesoek so goed oorleef het dat ons 'n paar dae daar kon oorbly, kom Pa met die voorstel dat ons gesin dié Sondag ons gasvrou 'n bietjie blaaskans gee: Ons sou uitry en Leipoldt se graf in die Pakhuispas besoek. Glad nie ver soontoe nie – 'n hanetree – ons kan sommer oor Van Rhynsdorp terugkom na Riebeek-Wes.

My gasvrou soebat my eintlik om die kleintjies maar by haar te laat bly. Maar dit sou die hele doel van ons rit verydel, en ons dring daarop aan om hulle saam te neem. Net Dora kan agterbly om haar te help.

"En moenounie vir ons wag vir middagete nie. Ons eet sommer met die terugkom iewers langs die pad," vertel ek haar toe ons aanstap motor toe. Sy knik net. Maar toe ons sit, gee sy 'n groot plastiekbottel vol water en twee pakke beskuitjies deur die venster aan – "Sommer vir ingeval," sê sy effens betekenisvol. Ag, nou ja, dié Annie is altyd so sorgsaam! Om haar nie te affronteer nie, neem ons dit maar.

Toe ons wegtrek, breek daar 'n ligte struwelinkie agter in die motor uit. Pa slaan die remme vas.

"Kyk, dié wat nie wil saamgaan nie, uit! Ek gaan nie die dag laat bederf deur onwillige mense nie."

"Hoera!" skree Antjie en druk die deurtjie oop.

"Moenie stuitlik wees nie," keer ek. "Jy klim in. Wil jy die mense hier bekuier tot hulle rûe breek? Jy is die enigste onder die kinders wat al Leipoldt se gedigte gelees het. Vir wat sal jy nou agterbly? Jy gaan saam."

Nou gooi Pa en ek ons albei se gewig agter die uitstappie in. Ons vertel hulle wat ons nog onthou van die digter en sy lewe. Van die kinders wat hy op wyn grootgemaak het. Ons wonder saam met hulle wat van daardie kinders geword het. Ons haal aan uit sy werke. Verbasend hoe baie mens onthou: Van Piet Ryneveldt se bloed "net soos ossebloed, blou-rooi soos donderweer", van die surreële "Boggom en Voertsek", sy "Op my ou ramkietjie" en sy ou "Die Slamaierwinkel", "Oktobermaand", "Ek sing van die wind wat te keer gaan", "Aan 'n seepkissie", "Siembamba", "Vrede-aand" en Malie die slaaf in "Van die lotosland waar die lelies groei" …

Ons werk ons kinders op tot 'n punt van brandende belangstelling vir wat voorlê. Dit was ná nege toe ons wegtrek, maar reeds toe al was dit duidelik dat dit 'n verskriklike warm dag gaan word. Baie gou het ons reikhalsend uitgesien na die Pakhuispas in die Sederberge. Daar waar dit die digter se begeerte was dat sy as moet rus. In my gedagte het ek 'n rotskloof gesien met groot skaduryke bome en varings. Hy het mos self gepraat van

> ... *die sederskadu's val*
> *Kort op die reseda in 'n plas van bruin-groen-swart;*
> *Die glaas-oog-voëltjies sing in die bossies teen die wal –*
> *O, boetie, waar skuil jy weg met 'n grafsteen om jou hart?*

Vanselfsprekend gaan daar 'n piekniekplek met betonstoeltjies en 'n asblik wees waar 'n mens kan uitrus.

Die eerste aanduiding dat dinge nie heeltemal so gaan uitwerk nie, kom toe ons by die eerste dorp stilhou. Daar sou ek melk koop vir Jalie se bottel en sommer worsies en botterbroodjies vir die uitspan by die Pakhuisberge.

Maar die enigste kafee wat oop is, vertel ons dat hulle nie melk of kosware op Sondae mag verkoop nie. Dit beteken dat ons die dag sal moet deurmaak op die twee pakkies beskuitjies en agt verlepte appels wat ons dae tevore gekoop het. En Jalie se bottel sal bestaan uit die brakkerige Riebeek-Wes-water uit Annie se plastiekhouer. Dis 'n slag, maar gebreek is ons darem nog nie.

Ons ry en ons ry en ons ry maar. Maar van die Pakhuispas is daar geen teken nie. Ek maak die eerste pakkie beskuitjies oop, en ons sluk dit met die water af. Teen halfelf kry ek hond se gedagte.

"Waar's die padkaart?" vra ek.

"Ek het dit by die huis laat bly."

Versigtig begin ek vrae stel – al om die tien minute een tussen ander dinge deur – en kom agter dat Pa se hanetreetjie heen en terug oor die driehonderd myl is!

"Ma, daar stink iets vreesliks hier agter in die kar."

"Hier voor in die kar nog meer," sê ek snedig.

"Kyk by Jalie. Kyk onder julle skoene," sê Pa.

Dit bring 'n hele oplewing. Hulle beruik mekaar van kop tot tone, slinger beskuldigings hot en haar. Ons het die bank agter afgeslaan sodat hulle genoeg ruimte kon hê. Nou sleep hulle Jalie op die velkombers vorentoe tot by ons – vreeslik vies – hulle kan nie aan hom raak nie: Dis hy!

Ons moet stilhou sodat ons hom met 'n bietjie van die plastiekkan se water weer padwaardig kan kry. Ek draai die doek in 'n dik laag koerantpapier toe. Ek is nog woedend en neem Pa eenkant toe: "Jy het verbrands goed geweet dis so ver! Jy laat my net so, met net twee skoon doeke en sonder 'n ding vir die kinders, in die motor klim."

"Ek het uitdruklik gesê dié wat nie wil saamkom nie, kan agterbly. Nou stel julle julle net daarop in om die dag te geniet!"

Ja, dit sê hy.

Sonder dat ons daarop gelet het, het ons langs 'n gevaarlike steilte stilgehou. Toe ons terugdraai, is daar 'n vreeslike geskree by die motor.

Dis Kootjie, ons tweede seuntjie. Hierdie kind het in huil sy lewensanker gevind. Hy vloek nie, hy slaan nie, hy huil net. As iemand hom kwaad maak, huil hy; as hy iemand wil kwaad maak, huil hy; as hy honger is, huil hy; as hy te veel geëet het, huil hy. Hy staan heerlik met sy bene 'n entjie uitmekaar, stewig op albei hakskene, sy arms ontspanne langs sy sye. Dan trek hy sy mond oop soos 'n damsluis en hy brul van agter uit sy keel uit: 'n volgehoue maagklank – "soh" ongeveer op die solfanotering "whoooaaa" tot sy asem uit is; "hu-hu-hu-hu" vir asem intrek en "whoaaa" dat sy kleintongetjie klepper. Daarmee kan hy onbepaald aanhou. Hy word nie moeg of mat nie. Sy oë kry die veraf trek van diepste selfverwesenliking, terwyl ons rond en bont oormekaar val om hom stil te kry voor ons van ons sinne beroof raak.

Heeltemal anders is ons jongste.

As hy begin huil, tol hy 'n paar slae met sy mond en oë oopgesper, maar sonder dat hy 'n geluid uitkry, al in die rondte, soos 'n mens wat met 'n pyl in sy bors geskiet is. Dan trek hy 'n asem deur sy neus in dat dit sing soos 'n heuningby, en dan begin hy sulke kort, hoë blaffies gee en hop soos 'n tennisbal op. Hy struikel teen die meubels, hy val, hy kruip, hy slaan reg agteroor, terwyl snikke soos elektriese skokke deur hom vaar en sy hele huil aan stukke ruk. Daar kom nie 'n traan uit sy oog nie. Dis iets verbysterend om te sien, heeltemal onmoontlik om tot bedaring te kry. Jy moet hom eers 'n taai klap of twee gee om reëlmaat in sy huil te kry voor jy hom soos 'n goeie hengelaar met verdrag kan intrek na kalmte. (Volledigheidshalwe: Die oudste een klap sy tande opmekaar, trek sy lippe van mekaar en suig sy huil binnetoe terwyl hy aanhoudend skel, en strome trane oor sy wange spoel.)

Toe ons nog aankom kar toe, kom die tydings ons tegemoet gehardloop. Pennie se gesiggie is rooi van verontwaardiging: "Pa, kom hoor wat sê Antjie vir Kootjie!"

Ons is sonder enige belangstelling. Die resultaat sou onder watter woorde tog maar dieselfde gewees het. Maar in elk geval, een en almal staan met geskokte gesigte ons en inwag, Kootjie met sy damsluis hoopvol gerek, dorstend na geregtigheid. Ek is verplig om te reageer. "Nou wat het jy tog nou weer vir hom gesê?"

"Aag, ek het net gesê ek wens hy val hier by die afgrond af."

"Nee wat, sies, dis nou te erg."

"Jy is glad te groot vir jou skoene," kom dit van Pa.

"Nou ja," sê sy lugtig, "hy hoef nie tot onder te val nie. Net 'n ent. 'n Goeie ent. En voor almal op my pik, kyk liewer wat het iemand agter op die agterste deur geskryf."

Ek het dit lankal gesien en gemeen dat om dit te ignoreer, die verstandigste sou wees. Maar Pa tree op. Hy marsjeer om die motor. In die stof op die agterdeur staan in gesinsgrootte met 'n bewerige vinger geskryf: "Ruik my ... (vreeslik lelike woord)."

"Wie het dit geskryf?" 'n Retoriese vraag, want daar is net een skrywer in die gesin wat nog sy "P" agterstevoor sal skryf as hy onder druk verkeer. Pa gryp die skuldige.

Dis Vyver. Hy verduidelik dat dit klap: "My hand het net gegly, Pa, ek wou 'Ruik my stof' geskryf het soos al die ander ooms, regtig, Pa, en toe gly my hand en ek wou dit net kom doodvee, toe begin Antjie weer en sy beledig vir arme Kootjie. Askies, Pa, regtig, Pa, dit was net 'n ongeluk, Pa."

Pa los hom. "Aag, ons kan net sowel omdraai. Wat help dit dat mens iets moois probeer!" Ons staan almal hoopvol nader. Pa sien dit en voeg dan grimmig by: "Ongelukkig is ons al oor die helfte van die pad."

Ons is al 'n halfmyl verder toe ons eers daarin slaag om Kootjie te oortuig dat hy nou maar kan ophou skree, want hy het nié by die afgrond afgeval nie. Ons eet die laaste pakkie beskuitjies, en intussen stink dit nog net so erg as tevore in die motor.

Einde ten laaste kom ons op Clanwilliam. Halfeen.

"Kom ons eet tog nou eers hier by 'n kafee of plek voor ons verder ry."

Nee, maar die Sederberge lê net buite die dorp. Ons gaan eers graf toe, dan kom ons eet.

"Op voorwaarde dat ons dan omdraai en nie die Knersvlakte of die Dorsvlakte of hoe dit ook al heet, oor Vanrhynsdorp doen nie."

Daar is diepe teleurstelling in Pa se oë. Dit was nog altyd sy lewensdroom om oor Vanrhynspas te ry. Ek maak hom 'n heilige belofte dat as ons jongste kind die dag so oud is dat hy agter op 'n stasiewa kan vloek, kom ons terug Vanrhynsdorp toe, Nieuwoudtville op tot by die Augrabies as hy wil. Net nie vandag nie.

Die graf van Leipoldt is toe nie net buite die dorp nie, dis hoeveel myl ver heen en terug op 'n stowwerige op-en-af-, heen-en-weer-grondpad tussen die rotsspaanders van die Sederberge deur. Maar ons het almal by die vooruitsig aan die omdraai nuwe moed gekry. Ek deel die laaste appels uit, ons probeer uitreken watter soort bosse waboombosse is en watter keurbosse. Waar sou Leipoldt se suring en sy klossies en sy bobbejaantjies wees?

Dit is van die indrukwekkendste berge wat ons nog gesien het met eienaardige grillige rotse wat lyk soos die stukke wat loskook onder uit 'n seeppot as jy boerseep kook.

Agter in die motor word die kinders vaal van die stof soos dit inwalm by die agterdeurtjie waar nog altyd die stofweerders aangeskroef gaan word.

Ons hou skielik stil.

Wat is dit nou?

Dis Leipoldt se graf.

Ons kyk rond. Ons kyk links en regs. Geen groot bome nie. Geen boom hoegenaamd nie.

Daar is 'n doringdraadkampie met 'n hekkie aan ons linkerkant. Die gras staan drie voet hoog. Rotsblokstapels lê gesaai.

Ons klim uit. Die son skroei verblindend neer. Maar dit is nogtans 'n verligting om uit die motor te wees. Die kinders bondel agter ons uit.

"Waar, waar?" vra hulle angstig.

En toe ek my hand op die eenvoudige hekkie sit, skaam ek my skielik diep vir my mentaliteit van piekniek-Afrikaner wat van besienswaardigheid na besienswaardigheid jaag. En ek is innig bly dat daar mense was wie se piëteit

'n Tipiese voorbeeld van kinders en koeldrank op reis, dié slag voor ons jaarlikse besoek aan die Randse Paasskou. Op die agtergrond sit Rantsane Nakedi van Hendrik, ons hoofknaap oor honderd wat sorg dat niemand verdwaal nie.

Jeanette Bekker, die mooie uit my skoonfamilie. Afkomstig van die Oos-Vrystaat het sy haar as jong vroutjie ingetrou in die Kalahari en was my gids destyds. Hier is sy afgeneem by die sake wat oorlewing in die Kalahari moontlik maak. Die blikketel wat sy vashou, kry jy op elke stoof in die Kalahari. Hulle noem dit Piet Fluit omdat, as dit kook en die stoom deur die gaatjie in die klein dekseltjie ontsnap, dit 'n harde fluitgeluid maak. Die bakskottel kan met deksel en al as yskas onder die grond gebêre word. Die kleiner een bak brood in die son gaar. Agter Jeanette staan die onontbeerlike sifkas waarin biltong binne 'n halfdag droog word voordat die brommers dit agterkom.

Om een van die "ou" twee-en-vyftig op Kanoneiland te wees, is om 'n eretitel te hê. Oom Andries Engelbrecht is een van hulle. Daardie geslag het ná 1902 die magtigste rivier in die land met pik en graaf uit sy walle gekeer, sy vloedwaters in kanale uitgekeer, oeste met die sekels afgesny en in waterwiele gemaal en sy houtbosse en riete vir hulle meubels en huise gebruik.

Okkie Compion staan hier by die ou stookketel waarmee Robert Frier en sy goeie vriend, die berugte perdedief Scottie Smith, sulke voortreflike witblits gestook het langs die Grootrivier.

Oorkant: Vandag leef die klein dwergmensies wat 'n Graad 4-kind by sy skouers meet nie meer op die afgeleë eilande van die Oranje nie. Inteling, ou gene wat tot rus gekom het in die klein handige handjies en skerpsinnige gemeensaamheid. Martjie Mans en haar broer Kootjie is hier afgeneem voor hulle sementsteenhuis en rietkombuis met Okkie Compion.

Kootjie, Alie en Martjie Mans van die onderkomse eilande. Hulle is baster-Duitsers, sê hulle, en sal nooit vir Engeland stem nie.

Die skadusy van karakoelboerdery en die rede waarom karakoelvelmodedrag eindelik wêreldoor verbied is. Lammertjies word pas ná geboorte keelaf gesny en die vel omrede sy kartels uitgespalk. Die karkassie word aan die lyn gedroog en opgemaal vir beenmeel. Hierdie foto is geneem op Muishoek, plaas van Baard Visser.

Die grootste bedrywigheid wat op Bladgrond – op pad na Skroef-se-bad – aan die gang was toe ons daar aankom, was Trooi wat besig was om koffiemelk te organiseer.

Vakansiedwalings wat my van Kaapstad, Lesotho en deur Skroef-se-bad na die Karibadam in Zimbabwe geneem het.

hulle die moed gegee het om niks hier te verander nie. Ek kry 'n beeld van die man wat hier wou rus, omdat hier van mense niks is nie, maar van stilte alles; waar die rotse te groot is vir mensehande om te verskuif, en die raaigras saadskiet wanneer hy wil. Die windswael, ná sy laaste sing en fluit, wou hier neerstort in sy eie gruisaarde dat die reën en die son en die wind oor hom gaan en hom hul eie maak.

En ek wens ek kan iets hiervan oordra aan die kleintjies wat in my sorg is en wat die dag sekerlik net sal onthou vanweë sy ontberings:

> *En jy, Susanna, as die wind*
> *Jou geel voshare streel, miskien*
> *Kan jy ook iets verstaan, my kind,*
> *En waar daar niks nie is, iets sien.*

Ja, so eintlik. Ek neem 'n voetpaadjie, een van verskeie wat sommer op sy eie wegkronkel. Vol sand, grasdrifsels en slootjies: 'n gewone veldpaadjie.

Ses jaar en nege jaar volg my in die paadjie.

Ses jaar: "Wat is 'veras', Ma?"

Ek: "Party mense wil nie graag in die grond begrawe wees nie. Dan laat hulle hulle verbrand tot as. En hierdie as laat hulle dan iewers heen neem. 'n Plek wat vir hulle baie dierbaar is, maar waar jy nou nie juis 'n kerkhof kan maak nie en laat dit daar uitstrooi. "

Ses: "Veras mense jou sommer of moet jy self sê jy wil veras word?"

Ek: "Jy sê self."

Ses (met 'n vreeslike benoudheid in sy stem): "Is jy al heeltemal dood as hulle jou verbrand?"

Ek: "Ja, natuurlik."

Ses: "Waar maak hulle die vuur, hê, Ma?"

Ek: "Dis …" (Ek is self bietjie vaag oor die werklike feite.) "Daar is plekke wat spesiaal gebou is om dit te doen. Dis ook nie vuur nie, maar elektriese oonde." Ek voel die gesprek raak nie die punte wat dit moet nie. "Kyk daardie ou koggelmandertjie op die klip. Hierdie oom het van hulle geskryf. Want niks was eintlik vir hierdie oom te klein en te lelik om mooi te wees nie."

Ek hoor 'n kreet agter my. "Pasop, Pennie!" Ek spring om. My seuntjie staan daar, spierwit. Hy bewe in elke ledemaat. Hy het sy sustertjie aan die boarm en ruk haar uit die paadjie.

"Wat is dit?" Sy is ook totaal verskrik.

Hy wys met 'n bewende vinger na haar voetspoor in die vaal opdrifsels van die paadjie. Sy stem stok in sy keel: "Jy het op die oom se as getrap."

Ek paai hom met 'n knop in my keel. Dan … so dink ek by myself, het jy dit eintlik tog verstaan, al weet jy dit nie. Mag dit eendag hoort tot die skatte van jou lewe. Mag ons aarde eendag vir jou so dierbaar word dat jy 'n skoon grasopdrifsel in 'n sandpaadjie daarvan wil word.

Toe ons halftwee op Clanwilliam terugkom, kan ek net sê dat ons in die koelste hotel in Suid-Afrika geëet het, waar waaiers was wat gewerk het en tamaai bekers yswater op die tafel gestaan het. Daar het ons ook verneem daar is amptelik aangekondig dat 'n hittegolf die Kaap teister.

En nog die wonderlikste van alles was dat die kinders hulle eie tafel in 'n hoek ver van ons af gehad het. Ons sal maar nie ingaan op die konsternasie van die kelnerin toe sy vir my kom sê het nie dat die klein maastertjie nou opsluit en net Post Toasties vir ete wil hê en dat hy nou al amper huil. "Maar ons serve nie Post Toasties op Sondagmiddae nie. Want kyk, Mêdem, dis dan nou onse hoofete. En as ek nou die chef daar agter gaan Post Toasties vra, sal dit 'n lelike ding afgee."

Ek kyk oor na die hoek en ek sien hom so daar sit, die stomme ding met sy groot, vaal oë stokstyf van die moegheid en daardie trek om sy mond waarmee hy reg sit en wag om 'n goeie halfuur se brulwerk in te kry.

"Jy sien, laat Mêdem vir jou vertel, ons kom uit die Vrystaat uit, en mieliepap en koeldrank is al wat daardie kind ken. Sê jy nou vir die chef Mêdem sal die hele pak Post Toasties by die baas ekstra koop as julle net vir hom 'n bordjie vol wil gee."

Ek het al tevore opgelet dat as 'n Kaapse bruin mens hoor jy kom van die Vrystaat of Transvaal, gaan hy uit sy pad om jou tegemoet te kom – soos 'n goeie skaapwagter wat 'n arme boepenslaatlam wat nooit die agterstand gaan inhaal nie, probeer aanhelp.

Anderkant Clanwilliam moes ons die motor uit die pad trek om vas te stel wat vir die onuithoudbare stank verantwoordelik kon wees. Almal moes uitklim en onder 'n boom gaan sit, terwyl Pa en ek die motor stelselmatig ondersoek. Onder my sitplek het ons dit eindelik gekry: die kartondosie met Kootjie se voëltjie daarin – ingesmokkel toe ons by die huis weg is en skoon vergeet.

Hy was reeds dae gelede dood en nou in 'n gevorderde stadium van ontbinding.

As laaste seën op die dag het al vyf kinders gelyk aan die slaap geraak, en kon ons in die afkoelende stilte van die laatmiddag terugry na die vriende wat op ons gewag het.

DIE DONKIE HET HOM MAK GEMAAK

My helderste indruk van die Kalahari het niks te doen met onmeetlike sandduine, stofstorms of versengende hitte nie. Wel met 'n sekere aand aan tafel op 'n plaas bo in die loop van die Kuruman.

Die loop van die Kurumanrivier is hier 'n goeie driekwart myl breed: 'n plat sleepsel van spierwit sand wat tussen die omringende rooi duinwêreld onwerklik kronkel. Hier groei die kameeldoringbome toringhoog en vind jy ook die digste bevolking per vierkante myl in die Kalahari, want die water is hier nie so diep onder die grond nie.

Die aand waarvan ek praat, was 'n maanligaand. En dit is net nie moontlik om te beskryf hoe verblindend skerp maanlig op so 'n wit sandlandskap kan wees nie. Dit was eerlikwaar asof die wit 'n soort opgeefsel, 'n verblindende straling bo die grond uitstuur wat alle ander kleure uitwis. Selfs die kameeldorings het soos reuse met gekromde arms oor die oë, die straling staan en afweer.

Ons het aangesit gehad aan tafel. Ons gasvrou, 'n stil, donker vrou in haar vroeë middeljare, het sonder vertoon, maar met groot sorg vir ons die maaltyd klaar gehad: vars ribvleis – die skapie is ongemerk geslag ná ons aankoms – gekook soos die Kalaharimense dit graag doen, saam met die niertjies en lewer, en met 'n lang suursous voorgesit. Haar brood was sonder teken van die suurheid wat brood maklik in dié wêreld kry, en die perskesnipperkonfyt was lekker taai.

Ons het gesit en wag op die huisbaas om die seën te vra. Hy was 'n taai, gepitte man, maar wellewend en gasvry. Hulle was sekerlik een van dié Kalaharigesinne wat hul wêreld ingebreek en haltermak gemaak het. Sy oë het 'n oomblik gesaghebbend oor die tafel en die aangesetenes gespeel. Hy het sy hand oor sy vrou s'n gelê. Toe hy op sy bord afkyk om te bid, het hy skielik gefrons en 'n ligte beweging gemaak.

Sy vrou het vinnig 'n klein erdeskotteltjie met kookmelk hier langs haar bord opgeneem en dit voor hom ingeskuif. Hy het gebid. En in die geskuifel ná die gebed het hy na haar gekyk, bietjie verwytend, bietjie spottend: een van die kort, veelseggende blikke wat die staalkonstruksie van die huwelikslewe uitmaak, oral. Sy het rooi geword en haar tong vir hom uitgesteek.

Terwyl ons ander ons vleis begin eet, het hy onversteurd stukkies uitgedroogde bruin brood in die kookmelk laat val, laat week, met sy vurk uitgeskep en geëet.

Ek het geweet wat sy blik beteken het: "O. En as hier nou skielik vreemdelinge kom, mag my brood en melk nie op tafel kom nie, nè? Op mý tafel nie?"

En dit sal altyd my mooiste indruk van die Kalahari bly: dat daar in dié barre wêreld tussen twee mense nog so 'n verfynde gevoeligheid vir atmosfeer kon wees. Dat hy so fyn kon terg, sy so mooi kon bloos. Maar ook dat hy met soveel erns homself en sy eie teen vreemde indringing kon opstel. En dat die nag so silwer en helder was, natuurlik.

Vandat die eerste Afrikaanse skrywers die pen opgeneem het, was daar by hulle die behoefte om oor die Kalahari te skryf. Hulle het van sy sonsopgang en sy sonsondergang vertel. Of sy gebrek daaraan. Want daar het ek gesien dat dit byna onmoontlik is om die son óf op óf onder te sien gaan. Hy is altyd klaar onder of op voordat jy dit agterkom.

Hulle het taal gemaak oor die ontreddering van sy droogtes, die skrik van sy sandstorms, die hartverskeurende jong skoonheid van sy opslagbloei ná die eerste Aprilreënbuie. En die ou skrywers het hom bevolk met rooijakkalsies en bobbejane en Boesmanfiguurtjies wat die verbeeldingslandskap van ons eerste letterkunde laat gloei en pols het.

Maar nou, ná baie dekades van skawing en beskawing, het baie dinge in die Kalahari anders geword. En die skrywer wat vandag só oor hom wil skryf, skryf uit sy verlange en nie van die werklikheid nie. Want op die spoor van die wildsbok en die Boesman het in die eerste jare van die twintigste eeu die wit man met sy donkiewa getrek.

"As julle standbeelde wil bou," sê my oom Frans Bekker van Louisvale, "dan moet julle in hierdie wêreld 'n standbeeld vir die donkie bou. Die donkie het die Noordwes en die Kalahari mak gemaak."

"Ek het gesien dat hulle negentig donkies voor 'n boormasjien span, drie spanne langs mekaar, en die Kalahari intrek. Dan trek hulle tweehonderd myl met die donkies en daar boor die man. Vyfhonderd voet diep. Hy sit sy handpomp daar op, en hy slaan sy matjieshuis daar op, en die donkies word op daardie plek rondom daardie boor so vet dat hulle blink verhaar nog voor 'n druppel water oopgeboor is.

"Want sien jy," sê hy, "'n donkie word nie siek nie. Hy gaan nie van honger dood nie. Hy loop óf weg, óf 'n bruin man slag hom."

Die gemiddelde donkie word van agt-en-twintig tot dertig jaar oud, bevestig Japie Bothma. Hy het in die Kalahari grootgeword, en as daar iemand is wat met mededoë van 'n vaaljas kan praat, dan is dit hy.

"Ag nee wat," sê hy, "jy kry 'n donkie nie gedaan nie. Jy kan enige ding op die wêreld gedoen kry met 'n donkie, net wanneer jy wil. Bakkiespomptrek. Jag. Pak. Eet. Ja, die bruin mense slag hulle!"

Vat nou jag. Hy onthou hoe hy en sy jonger broer en 'n ou bruin man op 'n keer met 'n paar donkies gaan jag het. Hulle was ongelukkig, het die tweede dag eers wild gekry.

Dan kan jy nou nie baie verder met 'n donkie nie, want hy begin dors word. Nou ja, hulle het die donkies gepak met die wild. 'n Uitgegroeide donkie dra maklik twee gemsbokke as jy goed pak.

Pak? Ja, seker. Daar is 'n manier om wild op 'n donkie te pak. Jy sny eers die bok oop. Dan sny jy hom heeltemal in die lies deur. By die ysbene kap jy die agterste gedeelte oop en breek dit oop sodat die boude ooplê soos 'n saal. Hierdie saal sit jy op die donkie, net agter sy skof. Jy sny 'n stuk van die bok se vel af en bind sy pote om die donkie soos 'n buikgord vas. Die boonste gedeelte van die bok breek jy vlak teen die rug oop dat die twee ribbes ook buitentoe kyk en pak dit ook soos die boude met die beenpunte onder vasgebind. Dan sit jy die donkie 'n stertriem aan en los hom maar. Moet hom nie keer as hy 'n koers wil inslaan nie. 'n Donkie wat sy storie ken, vat die pad in die donkerste nag terug huis toe. Jou vleis kom skoon in die vel nog tuis, die vel is sommer reg deurgesny vir rieme brei daarna.

Nou ja, hulle het die donkies gepak en teruggery huis toe. Gery die hele nag deur, sommerso halfsitslaap op die donkies. En daardie oggend voordag, toe hulle nie meer te ver van die huis was nie, het die bruin man bietjie agter geraak en hy kom naand so op 'n flou galoppie van agteraf verbygery. Jonger broertjie had so 'n paar leë kantiene agter die saal vasgemaak. En toe, met die verbykomslag, ratel die kantiene, en voor jy sê "mes", het broer se donkie hom kortrug gepluk en hom gegooi dat hy dáár trek. Nog voor Japie kans kry om vir hom te kyk, steek sy eie donkie – myle gelede al so flou hy wou gaan lê – sy kop weg, en voor hy weet waar hy is, trek hy ook. Sy geweer steek sommer regop in die sand langs hom vas, die band skoon van sy lyf gebreek. 'n Donkie het geen einde nie!

Dit is inderdaad hoe die Kalahari bevolk geraak het: met die donkiewa op die spoor van die water. Die watergate was min en meestal net aan die Boesmans bekend. Soos die wit man gekom het, het hy vir hom putte oopgegraaf. Dit is nie verniet dat daar name soos Middelputs, Lutzputs, Witputs, Minnaarsyputs en Bokseputs in die Noordweste voorkom nie.

Dan het hulle ook daar niks van gemaak en graaf 'n put honderd voet diep en boor hom dan nog honderd voet dieper met 'n handboortjie nie. Dan trek hulle die water met 'n handpomp boontoe. Dit kos vier sterk manne om 'n handpomp te trek. Dan moet jy ure trek om jou vee genoeg water te gee. In 'n beesvel is dit vroeër dae uitgepomp. As jy 'n ouerige man in die Kalahari sien, let maar op sy geweldig sterk ontwikkelde voorarms: Dis handpomp trek wat só gemaak het!

Genoeg water gee? Selfs vandag nog beteken die woorde "genoeg water" in die Kalahari iets anders as op enige ander plek. Dit is vir 'n vreemdeling 'n onvergeetlike gesig om te sien hoe knarsend dors diere ná 'n paar bekke vol water van die krip verwilder word. Dit is nou wanneer die water so pekelsout is dat te veel daarvan 'n dier se dood kan beteken.

Dikwels word plase in die Kalahari bewoon waarop daar hoegenaamd geen drinkbare water is nie. Tog kan skape met hierdie bitter en sout water klaarkom. Skape kan trouens lang tye, wanneer die verskillende tsammas en veldkarkoere dra, heeltemal sonder water klaarkom.

Só gebeur dit dan dat lammers wat in die veld grootword, hier op vyf, ses maande huis toe gebring en geléér moet word om water te drink!

Beeste kan nie op die bitter water leef nie. Dit is ook hulle wat heeltemal blind van dors kan word, mense op hulle ruik af bestorm en doodtrap van dors.

Drinkwater word oor ongelooflike afstande vir mens en dier aangery. So het my neef 'n hele paar jaar op 'n plaas met bitter water gewoon. Elke naweek het hy sestig myl ingery Upington toe en vir hom daar 'n viertal konkas vol vars water op die bakkie gelaai terug plaas toe. Daar is dit in 'n tenkie gegooi en toegesluit. Soggens het wit en swart kom inval vir sy twee pinte vars water per dag. Ook die melkkoeie het hulle twee pinte per dag gekry. Niemand het dit as ongewone ontbering beskou nie.

'n Baie belangrike – soms dié belangrikste – bron van vars water, is die sogenaamde gatdam. Die Kalahari het baie panne. 'n Mens kan jou nooit voorstel hoe interessant 'n lugfoto van die Kalahari is nie. Die duine lê soos bruin rafeldrade daarop ingeryg. Almal loop in dieselfde rigting, min of meer van noordoos na suidwes. Soms bietjie nader, soms bietjie verder uit mekaar. Ek het altyd gedink hierdie duine se rigting word na willekeur deur die wind bepaal. Maar dit is nie so nie. Hul koers is deur magtiger invloede as die wind vasgelê. Dan, hier en daar, lê die panne, rond of langwerpig, soos die littekens van pokke in die oppervlakte gesink.

Drie, vier, tien myl lank kan hierdie panne wees. Gelyk soos 'n tafel. Soms is die oppervlakte met klein, swart gruisklippe bedek, soms met 'n laag verblindende wit silt wat soveel lugspieëlings maak dat jy selfs in die water nie die rante van die pan kan onderskei as jy in die middel ry nie.

Die sout in die panne is soms so skerp dat die gruis wat vir die paaie daarop gegooi word, binne maande heeltemal verpoeier. Dit is natuurlik panne waarheen die wild kom om te kom "braak" – sout lek – en waar hulle gejag word.

Die kante van die panne bestaan uit harde kalkformasies waarop reënwater nie intrek nie. Nou skraap die Kalahariboere vir hulle net reg onder die kante diep damme uit om die afloopwater te keer. Die oppervlakte van die panne is versilt, dus hou die water soms maande in hierdie damme. Ná die koms van die plastiekpyp word damme nog verder benut. 'n Boer sit nou sy windpomp op 'n gatdam op. En met dit stoot hy die water met plastiekpyp en lugklep die duine in, so ver moontlik, na 'n sinkdam. Deesdae word dit met deksels gebou om verdamping te voorkom. Op so 'n sinkdam monteer die boer dan 'n ander windpomp wat die damwater weer na 'n verdere dam stoot. Daar is mense wat tot dertig myl pyp op 'n plaas het, sonder 'n enkele boorgat. Grootste ergernis is die jakkalse wat 'n onhebbelike swak het om plastiekpype stukkend te byt.

Die boorgate in die Kalahari is meestal tydens die Rebellie gesink. Voor die regeringstroepe uit het generaal Smuts sy boormasjiene gestuur, en die waters wat toe oopgeboor is, het belangrike sentrums in die Kalahari geword. Want waar 'n boorgat is, daar is lewe. Dit is die middelpunt van 'n landstreek: 'n wêreld. Ná die handpomp het die windpomp gekom. 'n Toring van vyftig voet, 'n wiel van vyf-en-twintig voet op 'n boorgat vyfhonderd voet diep. (Dit is nou buiten die geval van die ou oom wat my verseker het dat mens nie 'n windpomp se toring so hoog maak nie. Die wind waai g'n so hoog in die lug nie! Dis die duine hier onder wat 'n wind regtig skommel. En wie is ek om met hom te stry?)

Hoe ook al, 'n windpomp moet sy draai in die Kalahari ken. Daar loop 'n gesegde onder die Kalaharivroue dat daar net drie dinge is wat in die Kalahari werk: 'n vrou, 'n windpomp en die sit van 'n man se broek.

Vanselfsprekend het in latere jare die kragkop en die enjin gekom. En die Kalaharimense het hul eie patente hiervoor ontwerp. Oom Jan Toüa is een wie se patent, met twee kameeldoringstompe en 'n wiel, later landswyd bekend geraak het. Maar ondanks moderne patente en hulpmiddels laat die landstreek jou nooit vergeet waarom daar in hom name soos Grootdors, Grootdrink, Stofbakkies, Mara, Een Beker, Vra Weer, Swart Modder en Kraan Draai is nie.

"Ek het jare der jare vir Kalaharikinders skoolgehou," sê tant Loeloe Roussouw, baanbreker-opvoedkundige van Askham, "maar ek kon hulle nooit kry om water te vat en op die grond uit te gooi op 'n plant om hom te maak groei nie. Vir hulle is dit water mors. En water mórs hulle nie."

Daar was selfs in die ou dae mense wat nooit gewas het nie. Nie uit onsindelikheid nie, maar omdat hulle doodgewoon geglo het water is skadelik vir die vel. Hulle het hulle gereeld afgespons met 'n paraffienlappie. En oud geword so.

Die mense wat toentertyd in daardie dele motors besit het, was by almal bekend. So was die beroemde dr. Reitz van Upington jare lank die enigste man wat 'n motor gehad het. Hy word nou nog onthou om die roekelose manier waarop hy bestuur het. "Al manier om nie 'n ongeluk te kry nie, is om so vinnig te ry dat jy weg is voor hy kan gebeur," het hierdie eksentrieke, geliefde Noordwesfiguur glo altyd gesê.

Ná die groot droogte van drie-en-dertig het die motor sy verskyning begin maak.

"Ek," sê oom Carel Esterhuysen van Louisvale, "is een van die eerste mense wat die motor na die Kalahari gebring het. Toe ek ná die groot droogte van drie-en-dertig net vyf skape oorgehou het, het ek in die motor-'trade' gegaan. By oom Jaap du Plessis se garage op Springbok het daar veertig tweedehandse karre gestaan wat hy teruggevat het van mense wat nie die paaiemente kon betaal nie. Ek het hulle teen tien pond stuk van hom gekoop. Op uitstel, natuurlik, want ek had niks. Nou wat jy toe gedoen het, jy gaan so 'n kar deur, jy maak hom staart, jy maak hom lig gee, jy gee jou eie padwaardigheidsertifikaat, jy ry hom die Kalahari in en jy verkoop hom daar."

Ja, hulle het oom Carel se motors gekoop en ook dié van ander daarna. En wat hét hulle nie alles met hulle aangerig nie! Kalahariboere is van die beste werktuigkundiges wat daar is. Hulle het met hulle geboor, met hulle water gepomp, hulle het talle dinge afgehaal aan die enjins wat volgens hulle onnodig was. Hulle het talle byvoegings gemaak. Ongetwyfeld stel die Kalahari ander eise aan 'n motor as ander wêrelddele.

Wees versigtig as 'n Kalahariboer jou nooi om gou-gou oor te ry veld toe om na sy gemsbokke of sy karakoelskape te gaan kyk. Daar is net een manier om oor die twintig voet hoë duine te kom. Dis om hulle op volle vaart reg van voor te storm sodat die momentum jou bo-oor die duin se rug skiet, en jy halfpad ondertoe eers grondvat en dan onmiddellik weer deur die straat storm na die volgende duin. 'n Lepel is gemaak om te lê, sê hulle. Dan bedoel hulle die lepel van die petrolpedaal, en as hy lê, is hy teen die vloer.

Oor die eerste klompie duine dink jy jy gaan dood; oor

die lateres wens jy jy kán doodgaan. En dan nog is die duine soms so steil en die sand so los dat die wiele afgeblaas moet word voor jy kan oor kom. Veral as daar kwaai windstorms was. Dan lê teen die bopunt van die duin 'n sandrif wat die motor se neus eers moet wegstamp om bo te kom. Duine wat moeilikheid gee, word soms met skaapmis uitgestraat. Dit is veronderstel om 'n verskil te maak. Kop-teen-kopbotsings kom dikwels voor. Want oor 'n duin is maar één sandspoor – en innige simpatie as jy van die duskant en 'n onbekende van die ander kant af dieselfde duin storm. Sannie-se-duin noem hulle 'n sekere gevaarlike duin nou nog. 'n Sekere Sannie van weleer het haar neus gebreek toe haar man oor die duin gejaag het. Vandaar die naam.

Op een stukkie pad van dertien myl, gaan jy oor agten-sestig dwarsduine. Alle rate wat ek al ooit vir motorsiek gehoor het, het ek op daardie dertien myl geweeg en te lig bevind. As opgooi, soos 'n gebreekte neus, vir jou onsterflikheid bring, is daar heelwat duine daar wat my naam moet dra.

In die ou dae, so vertel oom Carel, het hulle 'n motor baie keer net gery tot sy bande klaar is, want dit is omtrent die enigste ding aan 'n motor wat kan ingee wat die Kalahariboer nie self kan vervang nie. So het hy ook vanmelewe heelwat verdien. Hy koop so 'n bandelose motor wat nutteloos in die Kalahari staan, sit vier nuwe bande op en verkoop hom 'n ent verder teen drie en vier keer die bedrag waarvoor hy hom gekoop het.

Verder is daar eintlik net mooi niks aan 'n motor wat nie met 'n draadtang, 'n paar klinknaels, 'n ou vilthoed en 'n stukkie gomlastiekpyp heel gemaak kan word nie. Neem nou die man wat in die wandel Hardcase Hanekom genoem word. Toe sy motor ver van huis en haard 'n "bearing" of te wel 'n draaglaer geslaan het, het hy die draaglaer uitgehaal met suigstang en al, die gat met hout toegeprop en voortgery. In werklikheid kom dit daarop neer dat hy van 'n viersilinder 'n driesilinder sonder enige verdere bohaai gemaak het. Hy is ook nie die enigste wat dit gedoen het nie.

Toe petrol gedurende die Tweede Wêreldoorlog gerantsoeneer was, het dit die Kalahariboere min geskeel. Want Hendrik Human, baaswerktuigkundige van daardie wêreld, kon 'n motor ombou dat hy op stoom loop. Hulle het toe kameeldoringstompe gebrand tot smidskole en die karre daarmee gestook.

Hendrik Human kan so mooi van sy Chevvie van daardie tyd vertel: "Die gas trek nou nie so sterk soos petrol darem nie, sien. Nou vir jag en so aan. Toe het ek vir haar twee vergassers en twee versnellers aangesit. Een met petrol, een vir gas. As 'n duin te swaar is vir haar, sit ek my voet op die petrol. So nie, ry ons op die gas. Ek het haar op kragparaffien gery. Baie. Vroegmôre vat ek net gras en maak dit vlam. As die selfstaarter druk, hou ek vlam voordat sy die warm lug insuig. Nou-nou dan vat sy. Nou moet jy haar net nie weer laat doodgaan nie …"

Ongetwyfeld het 'n motor 'n ander gevoelsinhoud in die Kalahari as elders. Niks illusteer dit vir my beter nie as oom Japie du Toit wie se swart Dodge hom op 'n nag diep, diep in die Kalahari in die steek gelaat het. Hy het slinger gedraai, ingeklim en die wêreld omgekeer, maar die Dodge wou nie vat nie. Eindelik het hy vies sy geweer van die agterste sitplek gevat en aangestryk na waar hy gereken het die naaste mense sou wees. Toe hy 'n paar duine oor is, kyk hy terug en sien dat die motor se twee voorligte nog so floutjies brand.

"Jou vuilgoed," sê hy toe, "en jy kyk nog vir my met jou twee rooi oë!" En haak hy af en skiet eers al twee die voorligte stukkend voor hy voortstap. Baie onhandig met 'n motor gewees, dié oom Japie. Net so onhandig met sy skape. As 'n lam nie wil drink nie, versondig hy hom so, hy sny sommer die lam keelaf, vertel hulle.

As 'n jonkman in daardie wêreld 'n motor koop, is dit nie ongewoon dat hy eers 'n paar gate in die modderskerms skiet om hom te doop nie. En baie van hulle stroop al die blink gedoentes eers af. Dan eers is 'n motor reg vir wat vir hom voorlê.

Hulle is onverskrokke, meesterlike bestuurders. Daar op die soutpanne word daar dikwels 'n resies gejaag wat professionele jaers se oë sal laat rek. Kom ons kyk wie eerste sy bakkie kan omgooi, kan 'n kreet word. Sonder dat die bakkie stukkend is of die bestuurder seerkry. Dit kán en word op die soutpanne van die Kalahari gedoen.

Nou onlangs nog is my vertel van 'n man wat ek maar

Henry sal noem, wat met sy nuwe bakkie veld toe gery en daar van sy vriende raakgeloop het. Daar is gesels, daar is oor en weer gewed, en daar was 'n bietjie van "die Ou Meester agter die jakkalsproef" byderhand. Toe het Henry gesê hy sal hulle wys 'n Chev-bakkie kan boomklim. 'n Groot ou kameeldoringboom, halfskeef van tallose windstorms, het daar naby gestaan. Henry het vasgeskop en teen volle vaart gejaag. En so waar as die son aan die hemel skyn, hy het teen die boomstam opgery dat die motor bo in die takke gaan vassit het. Die hele omgewing het na die affêre kom kyk. Dit het hulle 'n hele dag gekos om die motor daar af te kry. Op Upington se straat is hierdie bakkie vir my uitgewys as die Chev wat kan boomklim.

En as jy in die Kalahari jou verbasing uitspreek dat die paaie ondanks die lang afstande almal met gange afgespan is – afgegorrel, noem hulle dit daar – dan sal die ouer mense jou suur meedeel dat hulle geen keuse gehad het nie. Party jongmense maak nie hekke oop nie en jaag stelselmatig elke toe hek plat. 'n Toe hek kan met 'n motor teen volle vaart afgejaag word dat die hekpale dáár waai sonder dat die motor 'n skrapie opdoen. Jy moet net weet hoe. Die plaaseienaars was later verplig om die paaie af te span. Draadspan in die Kalahari het sy eie probleme. Die ysterpaal deug daar nie. Hy werk so diep in die sand in dat later net die boonste draad uitsteek. Die bestanddele is houtpale en staaldraad.

In later jare het die skiet van wild byna heeltemal onwettig geword. Dit was vir die Kalahariboere, wat jagters in murg en been is, 'n bitter pil om te sluk. Dit gaan sit nie in jou klere om deur Betsjoeanaland se polisie in Gabong se tronk gestop te word oor 'n beesvangerleeu wat jy net oorkant die grens geskiet het nie. Of om myle af te jaag Upington toe vir vorms en nogmaals vorms voor jy 'n dingetjie vir die pot kan omklits nie. Jare lank het daar tussen die polisie en die boere 'n vyandskap bestaan.

Om die polisie te flous, het daar 'n tydverdryf geword. Veldwagters van die Gemsbokpark en Betsjoeanaland is geharde mense wat gewoond geraak het aan haat en verguising. Daar is al op hulle geskiet. Dikwels en moedswillig. Hulle kan jou vertel van geselskappe, nie jaggeselskappe nie, maar verwoestingsgeselskappe wat die grense oorsteek, gewoonlik halfbeskonke, wat die wild hoopsgewys doodskiet en net daar laat lê – vir die blote plesier dat hulle die owerheid "gewys" het.

Ja, daar word in die Kalahari, nes elders, gedrink. Dit erken die gevestigde Kalaharimens met spyt. Glad te veel gedrink. Hulle gee die skuld aan die jaggeselskappe wat van die Rand en die Kaap in die naoorlogse jare die gebied in die jagseisoene binnegedring het. Hulle het met een of twee gewere en met kiste en kiste drank gekom. Dis hulle wat party Kalahariseuns leer drink het.

Daar word te veel fees gevier met "Moses in die Mandjie" of, soos hulle hom ook noem, met "die Ou Meester agter die jakkalsproef".

Maar met verloop van tyd het die Kalaharimens hom tog leer aanpas by die strikke van die moderne lewe en die wet. In plaas van wild skiet, het die mense hulle begin toelê op wild vang vir die reservate en dieretuine. En die jagstories van vroeër word nou verdring deur die uitwissel van wildvangtegnieke.

Vra vir Piet van der Westhuizen van Opsaal, van wie daar elande dwarsoor Suid-Afrika loop. Dan hoor jy hoe hulle vang met windhonde waarvan die tande uitgetrek word sodat hulle nie die bokke se ore kan afskeur nie.

Springbokke, sê Piet, is die maklikste ding in die wêreld om te vang. Jy noem dit skaars. Jy hou die bokke net op 'n koue wintersmôre vir 'n uur of wat besig. Jaag hulle rond, hou hulle besig. Dan los jy hulle 'n uur heeltemal uit. 'n Springbok word ná so 'n jaery baie styf en as hy 'n ruk gestaan het, kan jy hom met enige ding inja en vang.

Die prins van bokke om te vang, is natuurlik die gemsbok, die gevaarlikste, die mees geslepe. Hy is met sy horings ontsettend rats en dodelik. Hulle sê jy kan vergeet om 'n gemsbok met 'n klip raak te gooi. Hy keer die klip met sy horings weg, jy kan staan waar jy wil. 'n Hond moet geleer word om hom van agter, reg teen sy lyf aan en buite die bereik van die horings in te hardloop en aan die oor neer te trek. Gemsbokke, anders as elande, skop nie. Dan moet jy self byderhand wees om stukke tuinslang oor die gevaarlike horings te trek of 'n "pomprod" tussen die horings in te gooi en hom vas te pen.

Oor die jare het ek al baie Kalaharijagstories gehoor. Min van hulle boei my soos dié van Hendrik Human. En dit is sekerlik nie omdat hy 'n gebore verteller is nie. Hy het 'n soort skugter manier van praat, val te maklik terug op "ensovoorts". Hy bly lang rukke stil en stryk dan ingedagte met sy groot hand oor sy borskas. Miskien is dit omdat hy sy stories juis nie as jagter vertel nie, maar as natuurmens. As woestyndier. Omdat hy van die leeus wat hy geskiet het, praat soos iemand anders van die vroue wat hy bemin het. Omdat duine nie vir hom dinge is om óór te kom om wild te skiet nie, maar huise om in te woon en in te leef.

So sal hy jou vertel van 'n nag toe hy en Tinkie Jooste gaan uitslaap het met 'n vrag wild op die bakkie. Waar? So op 'n hoë duin, in 'n kommetjie. "Jy krap 'n gat, maak jou vuur goed sterk, dan gooi jy sand bo-oor en slaap op die sand. Dan is hy mos nou lekker warm!"

So vieruur die nag, nou volgens die sterre, trek die ou bruin man hom aan die voet: "Hier is goeters. Ek weet nou nie of dit wolwens of louens is nie."

Nou kry jy daar wat Hendrik liefderik die "ou strandjetwolf" noem. "Of ou koffiestok sê ons ook vir hom. Hy maak niks en kom vat jou karos van jou lyf af snags; dan gaat lê kou hy hom stukkend." En hy geware toe ook daar is iets by die bakkie. En toe een sy kop oplig so teen die lug, kan Hendrik die baardjie herken: leeus! En toe hoor hy hulle ook. Hoe hulle so 'n bietjie stryerig is by die kos nou, sien.

Die nag het hulle drie van die leeus geskiet, maar die vierde gekwes.

Die volgende oggend op pad terug, kom hulle op die gekweste leeu se spoor af. Hulle gryp die spoor, ry haar in, skiet haar agter langs die stert. Sy staan toe so. Sy druk haar kop op die sand vas en sy staan en bewe so. Toe wil Tinkie skiet, maar Hendrik nie. "Jy skiet naand die vel so van die gate, jy kan daar niks mee maak nie. Sy is klaar dood." Hendrik stap nader om haar aan die stert te pluk. Toe hy aan haar stert vat, hoor hy sy haal nog asem, maar toe kom sy ook al.

En hy loop terug Jeep toe. Sy is so kort op hom, daar is g'n sprake van gaan staan en aanlê nie. Hy probeer maar net so skuins hou in die hoop dat die manne by die Jeep 'n skoot sal inkry. Maar die ouens het ook halfverbouereerd geraak. Was meer bedag op skuiling. Een het hulle later heel onder die Jeep moes uithaal.

Maar met die vlugtery het een kêrel se hoed afgewaai. En net dit het haar aandag 'n oomblik afgetrek. En dan die heup. Sy kon nie heeltemal haar koers met die stukkende heup hou nie. Dit was net genoeg vir hom om skuins te spring, te skiet. Maar sy storm nog blind, reg op die Jeep af, en sy byt twee gate dwarsdeur die modderskerm en slaan haar kloue so diep in die band in dat hulle later vir haar daar moes gaan afhaal.

Hy het nog so gelag ook. Toe almal nader staan om te kyk, druk hy wat Hendrik is haar agter die blaaie dat sy 'n brul gee. As jy so 'n dooie leeu daar druk, gee hy nog 'n lelike brul. Toe moet hulle weer soek na party ouens.

Hendrik Human het my vertel, en ek glo hom, dat hy in sy jong dae – "ek was nogal redelik sterk, ensovoorts" – dikwels in die duine gemsbokke bekruip en aan die horing gevang het. En hulle klaar gespook het.

"As jy sy horing het, kan jy net nooit weer los voor hy dood is nie. Anders steek hy jou net daar dood." Hy het hulle ook bekruip en met 'n kardomkrag doodgegooi. Hendrik ken elke dier en elke plant in die Kalahari. Maar baie van die paaie wat hy ry en die dinge wat hy doen, doen hy sonder dat hy weet hoekom. Dit is die jagtersinstink, sê sommige. Dit is waarskynlik wanneer 'n mens met sy omgewing so geheel saam beweeg dat die omgewing hom nie later op die bewuste beroep nie, maar ook op die onbewuste. Hy weet waar water in die Kalahari sal wees, al was hy nog nooit op die plek nie. Hy weet wanneer daar polisie op sy spoor is. Hy weet – sy regterbeen word so trekkerig. As hy en sy broer gaan jag, elkeen op sy eie, sal hulle sonder afspraak van tyd of plek by mekaar uitkom as dit aand word. Die enkele kere wat hulle in die nag verdwaal het, het dié wat kom soek, reg op hulle afgekom omdat hy daarop gekonsentreer het dat hulle soontoe moet kom.

As hy saam met ander jag, weet hy wat hulle geskiet het, al is hy nie by nie. Hy weet nie hoekom nie ...

Dit is mense soos hierdie vir wie die latere jagbeperkinge 'n duisterheid sal bly tot die dag van hul dood. Sy wederwaardighede en ontkominge met die polisie vertel hy in presies dieselfde stemming as sy ondervindinge met gemsbokke. Hy vertel van 'n dag toe hulle onder die "poelliesbakkie" moes uitjaag – "laat hardloop", met 'n vrag wild. Tuis gekom, het hulle net mooi die wild uitmekaar gesny gehad toe die manne daar aankom: "Nou aan die loop mensvang."

"Die polisie het die koppe, horings en velle, die bewysstukke, bymekaar gemaak. Ons kon niks doen nie. Toe sê ons hulle moet maar nader kom huis toe. Ons raak toe met hulle aan 't gesels. Jong mannetjies gewees. Gee maar so heelwat brandewyntjies, maak allerhande ou grappies en dingetjies. Naand het hulle sommer met hul boetse en al aan die slaap geraak in die voorhuis.

"Toe het ons die vleis in sakke gesteek en met 'n pakdonkie die duine ingestuur. Ons het die bewysstukke laat uitbrand. Ons het hul bakkie mooi vir hulle laat was. En die volgende oggend vroeg die skaap oor die werf geja laat daar nie 'n spoor van iets agtergebly het nie. Toe hulle daar wakker word, toe weet die manne darem nou nie mooi wat aangaan nie. Hulle wil iets, maar daar is niks nie. Hulle is maar laterhand net so daar weg met leë hande."

Toe ek van sy dinge afskryf, vra Hendrik my: "Skryf jy hierdie dinge nou vir die tydskriwwe?" Dit was vir my so 'n mooi woord dat ek skaars kon konsentreer op wat hy wou hê.

Tydskriwwe! Die onkantse sensasieblaaie van ons tyd het mos lankal enige ooreenkoms verloor met die statige "geskrif" wat nog aan sy naam verkleef is. Die goed is mos eenvoudig en ongetwyfeld tydskriwwe en niks anders nie!

Toe maak Hendrik my beloof dat ek sal bysê hy jag nie meer onwettig nie. Hy boer lekker, met sy veetjies en dinge. Hy hou sy eie wildjies op sy plaas aan. Bewaar hulle ook maar. Verder maak hy sy patente met yster, ensovoorts, ensovoorts. Ensovoorts.

Ek skryf dit so neer, Hendrik!

AS DIE MATOMPAS TREK

Vandag is daar by die opstal van die Kalahariboer alle moontlike hulpmiddels om die lewe te veraangenaam. Gas en paraffien het lig en koelte gebring. Daar is spoeltoilette en gramradio's. Maar die ruwe klimaat van daardie wêreld stel steeds sy hoë eise. Bedags hier van tien-, elfuur is dit so warm dat daar van stoof opsteek geen sprake is nie. Teen twaalfuur is die enigste leefbare plek in die huis op die kaal vloer onder die beddens. Dis dan, sê my oom Frans, wanneer 'n yskas in die Kalahari soos 'n vulletjie van die warmte skree. Die helfte van die yskas is vol koue water gepak. Saans eers ná donker begin die vrou vuurmaak; die aand tienuur word 'n warm maaltyd eers genuttig. Selfs die etes weerspieël die geaardheid van die land.

Groente kan nie gekweek word nie en is dus skaars. Die hoofdis is en bly maar vleis.

'n Mens moet lank in die Kalahari woon voordat 'n smaak vir sy vleisgeregte ontwikkel kan word. Hulle het 'n ewige hekel aan ons manier van vleis, soos hulle dit stel, doodkook en doodbak. Jy kook die vleis net tot hy inmekaargetrek is, en so wit-wit eet hulle dit saam met 'n suursous. As die vleis vars is en jy daar nie baie groente by eet nie, het dit so 'n wonderlike, delikate smaak. As jy daaroor nadink, is dit tog ook die manier van doen met alle vleis en vis van verfyning.

Omrede die warmte, kook hulle ook dikwels buite by 'n skerm, en hier kan die geregte van die jagveld dan tuis berei word.

Daar is rooikeel – die slukderm van die skaap of bok, gestop met vet en oor die kole gebraai. Die blaarpens word ook só gebraai. Die ding van 'n blaarpens, sê oom Maritz Human, is dat jy nie al die mis moet uitspoel nie. Dis wat hom sy smaak gee.

En dan die bokkop wat hulle die aand met vel en al liefderyk onder die as toekrap sodat hy die volgende oggend so sag soos murg is!

Dié wat al saam met 'n jaggeselskap uit was, sal onthou van die stilte wat nie van bo kom nie, maar uit die rooi sand self opstyg as die nag oor die Kalahari toesak. Dan is daar die gemsboklewer en die vaal witneus – 'n asbroodjie wat onder die kameeldoring se as gaar gebak word – om saam met swart koffie te geniet. Daar is die vuur wat die nag tot laat brand, die stories oor leeus wat weggekom het en wat nie weggekom het nie, oor jagtogte, oor droogtes, oor verdwalery en oor diamante. En in die tussentyd lê die pootjiebene van die gemsbok diep in die as en gaar stoom. Laatnag, voor daar onder die seile op die bakkie ingekruip word, word die bene met 'n skroefsleutel stukkend geslaan en die lang murgstokke warm-warm geëet.

Daar is die rondomderm wat uitgeskud, vol bloed gegooi, toegebind en in die as gebraai word.

En as jy wildepoue skiet – wat jy nie mag nie – dan word daar txom van gekook: 'n stowevleis met sagte vet, asyn en naeltjies.

'n Mens kan ook nadink oor die dieet van oom Sakkie Jacobs. Hy het as jong man saam met sy ouers oor Upington die Kalahari ingetrek, twee-en-veertig jaar daar gebly en nooit 'n dorp gesien nie. Hy was sewe-en-sewentig toe hy uiteindelik sleg siek geword het. Die dokter het hom met 'n vliegtuig kom haal en na Upington se hospitaal gebring, waar hy dood is. Van sy kwaal, ja, maar ook van verwildering, hospitaalvreemdheid. Oom Sakkie was nooit getroud nie. In sy familie was dit hy wat met die ooie getrek het as hulle moet lam. Soms tot vyf maande in die veld gebly. Vleis in daardie klimaat bederf ná skaars 'n dag, en oom Sakkie het nie veel moeite gedoen met vleis nie. Hy het net die kruis van die skaap met sy vet stert vir hom gekook en laat koud word. Hierdie vet het hy met sy knipmes in skywe gesny en so geëet, saam met vaal witneuse en witgatwortelkoffie. Tot op sewe-en-sewentig jaar.

Iets wat my in die Kalahari opgeval het, is die gewoonte om room in plaas van botter op die brood te eet. Botter word daar gou galsterig; jy kom verder met room. Omdat die brood so gou draderig word, is dit 'n algemene ding om die brood uit te droog en dit dan in koffie of kookmelk te week.

Waarmee boer die mense daar? In die ou dae was dit die Afrikanerskaap en die donkie. Daar is gejag, en die biltong en velle is verkoop. Mense het boormasjiene aangehou en vir ander geboor.

Die bees het in groot gedeeltes van die Kalahari nie geaard nie, omdat die gallamsiek hom doodgemaak het. Hier in die jare veertig het Onderstepoort die gallamsiekentstof ontwikkel wat in die Kalahari dramatiese resultate gehad het. In die begin moes jy 'n bees twintig kubieke sentimeter entstof inspuit. Sommer so 'n knop getrek waar jy hom spuit. Maar dit het hom honderd persent immuniteit gegee. Toe het die bees daar begin gedy, en tot 'n paar jaar gelede het beeste sekerlik die hoofinkomste gebring.

Maar die droogtejare het sy spore gelaat. Nou is die karakoel, of soos hulle hom sommer die swart skaap of die karkoer noem, die belangrikste. In die ou dae was die invoer van ramme uit Suidwes verbode. As jy 'n Kalahariboer nou lekker op dreef wil kry, vra hom hoe hulle destyds ramme oor die grens ingesmokkel het. Dit was op 'n tyd veel lonender as diamante.

Die karakoelboerdery pas besonder goed by die ver afstande. Dit kos maklik sewentig rand om 'n vrag van honderd skape bo uit die Kalahari na die naaste mark te bring. Maar vyfhonderd karakoelvelletjies kan jy agter in jou motor laai en mark toe ry.

Twee-derdes van die Kalahari behoort aan die boerdery onttrek te word, is al gesê. Vertel dit 'n bietjie aan 'n Kalahariboer, dan ploeg hy terstond met jou oor die sandduine twee, drie myl ver om jou sy blinkvet bees te gaan wys. Hy wys jou die sappige xhaagras, die kortbeen- en die langbeen-Boesmangras. Hy vertel jou van die driedoring wat binne agt dae ná die eerste reëns spierwit van die blomme staan en saam met sy peul 'n wonderlike dierekos is.

Dit is waar, hier in die somer het jy die verblindende warm maande van November tot Februarie wanneer daar net so hier en daar 'n jaloerse bui reën trek, maar die Kalahari het sy reënmaande van April tot Junie. Dan groei die tsammas – die wilde, karkoeragtige waatlemoentjie. Verskeie soorte vir mens en dier. Die bruin mense skraap die binneste uit, droog dit en maak daar pap van; die wit mense kook daarvan 'n heerlike konfyt; die Boesmans bêre sy sap in volstruiseierdoppe onder die grond, maande lank.

Daar is die kalkoentjie, 'n patatagtige plant, wat goed is vir die dors. Die bekende nxaba groei daar onder die grond – 'n mens sien net so 'n barsie waar hy is. As jy daar graaf, kry jy 'n soort aartappelagtige knol wat die Kalaharimense baie lekker gaarmaak. As jy 'n nxaba laat lê, verdroog hy binne 'n week tot 'n hopie stof.

Dan is daar ook nog die xhi, die xha, die xhabba, die xhôba, die xhnabba. Daar is die ghoemetjie en die xheia. Daar is die skaapkomkommer, die gemsbokkomkommer, die txingbessie. Daar is die xhibberriegras waaruit was getrek word. Daar is opslag en suring. Hulle kan jou ritse en ritse veldkosse opnoem.

In die ou dae het hulle in die Kalahari die matjieshuis gehad. Dit was al huis wat doenlik was, want 'n klip is 'n seldsaamheid daar, en die duinsand is heeltemal ongeskik vir die maak van klei of sement. Die matjieshuise is deur die inboorlingvroue van 'n soort vleibiesie in seksies gevleg, om 'n houtraamwerk vasgevleg en bo saamgevat. Hier bo-oor is 'n biesiekaros – 'n kopdoek is dit genoem – met die twee openinge vir die deure oorgegooi. Hulle was lig, baie koel, maklik verskuifbaar en wanneer dit reën, het die biesies uitgeswel en waterdig geword.

Vandag is dit sement en siersteen wat teen 'n geweldige koste met die spoorwegvragmotors aangery moet word. Daarom maak die mense werklik nie 'n groot omslag met huise nie. 'n Tuin is nog steeds 'n uitsondering. Bome groei nie maklik nie. Die Duitswes-doringboom is al wat in die duine aard en op 'n werf gesien word. Maar daar is planne. Ek onthou hoe onder die indruk ek was van die opstal van die jong Stadtler-egpaar in die mees onherbergsame duinewêreld. Bome neem jare om te groei. Daarom staan daar in Marianne Stadtler se klein ommuurde grasperkie van alle dinge 'n klomp vrolike, kleurryke sonsambrele!

Die mense het 'n heerlike gebrek aan inhibisies. Hout, stene, bougrond, al dié dinge is skaars. Nou het ek by meer as een plek gesien dat hulle vir stoeppilare rioolpype gebruik, ewe kunstig die een in die ander steek, 'n malva of twee in die uitstaanrandjie geplant. Glansend bruin en silwerskoon. Geen instandhouding nodig nie. Sterk, doeltreffend, regtig mooi.

Japie Bothma het my van sy jong dae vertel. Baie gedans in die Kalahari. Plesier gemaak, want al om die tweede mens kon 'n "konstina" of kitaar speel.

Hy onthou hoe hulle opgesit het. Die ou mense het die manier gehad om so 'n klein lampie van 'n pondstroopblikkie te maak. Hulle slaan 'n patroondoppie oop, druk hom deur die blikkie se deksel en daarin sit hulle 'n ferweellappie vir 'n pit of 'n stukkie kruisband. Onderin is lampolie of sommer vet as dit nie anders kan nie. En heel aand wat jy nou opsit, staan rook die lampe langsaan. Volgende môre is jou neusgate eintlik swart aangepak van die roet. Ander het sommer net 'n pitjie gedraai en hom in 'n pierinkie vet laat lê. Hy brand ure daar en gee darem 'n soort liggie af.

Die Kalahari soos hy vandag is, word 'n hegte gemeenskap waarin die meeste mense mekaar ken of minstens van mekaar se wel of wee weet. Die telefoon bring almal binne bereik. Weens die lang afstande sien 'n mens natuurlik dikwels sommerso op die kale, haaie vlaktes klein monteerrondaweltjies. Dit is outomatiese gassentrales om die diens te verbeter.

Wat mense daar ook doen – hulle koop van die ou kastelefoontjies en sit hulle aan die lyndraad vas. Daarmee kan hulle dan met die veewagters in die veld praat, die veld synde dikwels vyf of ses myl ver.

Van 'n begrafnis, 'n troue, 'n geboorte word daar nog met mening kennis geneem.

Hulle is kerkvas. Om die behoefte, maar in mindere mate ook om die sosiale verkeer. Groot kerkgeboue word deur 'n paar honderd lidmate gebou en in stand gehou. Om die kerke staan daar 'n hele paar strate vol klein, tweevertrekhuisies – die kerkshuisies van die boere waar hulle op kerksdae kom afpak. Naas die gewone nagmaaltye, is daar wat bekend staan as "middelkerk" in die middel van die maand. Hierheen trek man en muis op. Maandag begin die bakkery en slagtery al, en Vrydag word afgereis na Askham of Van Zylsrus. Die inkope word by die Koöperasiewinkel gedoen. Dan kuier dit oor en weer tussen die huisies deur. Die mans sny mekaar se hare, die vroue ruil brei- en hekelpatrone.

Op kerkbasaars is dit vir 'n vreemdeling iets besonders om te sien dat een van die mees gesogte verkoopsartikels koue, gekookte skaapnekke is. Dit word soos kiepiemielies of pannekoek gekoop en so onder die gesels deur met die knipmes kaf gedraf.

Snags in die somer kan g'n mens dit in die bedompige kerkshuisies uithou nie. Daarom word die beddegoed, net soos op die plaas ook, uitgedra en word daar voor die deur, "op die vlak", soos hulle sê, geslaap. Altyd, behalwe in skerpioentyd.

As die skerpioene 'n ruk swaar gekry het, wintertyd

en so, en dit reën, dan wemel dit in die duinewêreld van die skerpioene, en juis dan is hul steek noodlottiger as dié van 'n adder. Jy kan jouself gelukkig ag as jy die serum betyds ingespuit kry. Daar gaan in die Kalahari meer bruin mense aan skerpioenbyt dood as aan enige ander siekte.

Ja, onafskeidbaar aan die sy van die wit mens leef in die Kalahari die bruin mens wat een van verskeie soorte mense kan wees. Daar is nog van die regte Namas, wie se taal met sy klapklanke deurgesyfer het in Afrikaanse uitdrukkings, en die Korannas. Daar is ook dié van Boesman-afkoms en die kleurling van Suidwes-afkoms. Gesellige, gladdebek-metgeselle is hulle wat die Kalahari se genadelose klimaat filosofies aanvaar. Nou nie skrifgeleerd nie. Maar van die Lutherse kerk die meeste van hulle.

"Ek," sê Arrie, "is die bottelsoener, die kerk se klipgooier, die duiwel se sterthouer. Dis nou om te sê ek is half op die afdraand. Maar darem ewe getrou!"

En kan so 'n bruin mens vir jou fees vier! 'n Week voor iets op hande is, begin die matompas al trek. Die matompas is 'n besonderse, potente gis wat daar gebruik word om bier te maak. Om die bier 'n ekstra skop te gee, vat hulle die binneste gedeelte van wat die nxannetjie-gulpnes genoem word. Dit is die versamelvoëls se neste wat soos klein hooimiedjies in die kameeldoringbome steek. Die binneste deel van die nes met sy sterk miskonsentraat word net so in die bierkonkas gegooi. Die gevolg is 'n dodelik sterk drank wat 'n man vir drie of vier dae heel disnis skop.

Dit is eienaardig hoe, as jy deur 'n wêrelddeel gaan, daar sekere name keer op keer in gesprekke opduik, sodat later, al sien jy daardie mense nooit, hulle helderder tot jou spreek as dié wat jy wel gesien het. So is die name van oom Willie en tant Loeloe Roussouw.

Oom Willie Roussouw, nou reeds oorlede, en sy vrou tant Loeloe het op Askham gewoon.

"Die eerste onderwyseres wat ek ooit in my lewe gesien het, het ek gesien toe ek dertig jaar oud was," het oom Mias Roussouw – nie familie nie – my vertel. "Dit was tant Loeloe Roussouw." Dit het hy gesê om te beklemtoon dat hy nooit skoolgegaan het nie en dat sy pa hom aan sy knie leer lees en skryf het. Vandag is oom Mias voorsitter van Askham se skoolkomitee en van die Boerevereniging. Hy beheer die Askham-studiefonds en is 'n steunpilaar van sy kerk en sy party.

Van sy nege kinders is daar nie een wat voor matriek uit die skool gegaan het nie. Dit, sê oom Mias, beskou hy as iets waarop 'n mens jou kan beroem.

Dit is oom Willie Roussouw wat die eerste Afrikanerbeeste na die Kalahari gebring het. Bulle is op Hoopstad van die Biljons gekry, so is my vertel.

Dit is oom Willie Roussouw wat van tant Johanna Maritz, wat gedurig voor haar huisie die sand aan die wegvee was, gesê het: "As hulle Johanna Maritz net lank genoeg kans gee, vee sy die hele Suid-Afrika weg."

Dit is oom Roussouw wat gesê het: "Moenie van 'n man geld vra nie. As hy jou aan geld help, help hy jou aan niks. Vra hom werk en vra hom raad. Dis bruikbare dinge."

Daar is mense, vandag in verantwoordelike posisies, wat vir my uitgewys is as seuns wat oom Willie Roussouw laat leer het.

Oom Willie Roussouw, broer van dominee Stefaans Roussouw van Psalmberymingfaam, het die Kalahari in 1925 ingetrek. Sy vrou, tant Loeloe le Riche, suster van die beroemde veldjagter Joep le Riche, was 'n nooi van dié wêreld. Met 'n ossewa is tant Loeloe tot op Prieska gebring en daarvandaan met die trein verder skool toe. Op La Rochelle in die Paarl klaargemaak. Later onderwyseres.

Ná verblyf op Reitz het hulle Kalahari toe getrek, sy en oom Willie.

Hulle was twee jaar daar toe hulle die eerste skool in die Kalahari begin het. Hulle het 'n huis op Bloubos gehuur. Tant Loeloe het skoolgehou, oom Willie was koshuisvader. Dit was groot seuns van sestien, agtien jaar wat oom Willie daar op die plase gevang en skool toe gebring het.

Smiddae het oom Willie hulle uitgelooi, en voormiddae het tant Loeloe vir hulle skoolgehou. In 1932 het hulle die skool na Askham verskuif. 'n Hele aantal jare deur die depressie het oom Willie die skool op eie koste onderhou. Hulle het toe begin om beeste vir die skool te kollekteer, en só die koshuis Roussouwshof op Askham gebou. Met die beeste is daar geboer, en vandag nog is Roussouwshof waarskynlik die enigste koshuis in die land wat sy eie boerdery het en wat oor 'n sterk studiefonds beskik.

Wanneer kinders dit regverdig, het oom Willie aanvanklik self die geld gegee om hulle verder te laat leer.

Oom Mias Roussouw het my die mooiste getuigskrif vir hierdie twee baanbrekers gegee: "Baie van die mense wat vroeër jare na die Kalahari gekom het, was mense wat nie onder wet en orde wou staan nie. Ek weet, ek was ook een. Oom Willie en tant Loeloe het nie net ons kinders opgevoed nie. Hulle het ook óns, grootmense, opgevoed. Hulle het ons geleer om in 'n samelewing in te pas. Hulle het ons geleer hoe om die een teenoor die ander te laat praat as beskaafde mense. As daar ooit van mense gesê kan word dat hulle die beskawing na 'n wêreld gebring het, dan kan dit van oom Willie en tant Loeloe gesê word."

Dat hulle die werk gedoen het, is net so wonderlik as die feit dat dit deur ander onthou word.

Nog 'n naam waarby jy nie sommer in die Kalahari verbykom nie, is die naam Stadtler. Die Stadtlers boer nou vir die derde geslag in die Kalahari. Hulle het daar gekom toe daar niks was nie. Hulle het hom sien groei, maak groei en saam gegroei. Honderd-en-drieduisend morg grond, twintigduisend stuks skaap, vierduisend bees. Dit het nie gelyk gekom nie. Maar dit hét gekom na mense wat leer vasklou het aan hul penwortels. Harde, geharde mense wat die Kalahari se taal ken.

Hendrik Human vertel hierdie mooi storie van Kassie Stadtler: Weer op 'n keer saam gaan jag. Hulle het 'n goeie dag gehad en die aand maak hulle bietjie plesier by die vuur. Baie bier gedrink, ensovoorts. Bier, nou maar net by wyse van spreke! "En die ent van die storie is: Kassie stry met my. Ek sê ek sal 'n bottel van sy kop afskiet, en hy sê ek sal nie. Naand gaan staan hy toe so 'n ent weg. Nou meer na die lig van die vuur toe, nè. Met die bottel op sy kop wat hy vashou. Toe sê ek: 'Kassie, vat weg jou hand om die bottel. Hy hinder.' Ek skiet toe. Goeie skoot. Die bottel net mooi 'n duim bo die boom weg. Toe ek nou by hom kom, toe sê ek:

"'Kassie wee' jy hoekom het ek gesê jy moet jou hand wegvat?'

"'Nee.'

"'Jy sien, my geweer skiet 'n bietjie hoog. Ek het geweet as ek jou net reg voor jou voorkop vat, behoort ek die bottel mooi raak te skiet.'

"Toe word ou Kassie so halfblekerig en wil halfaardig word as hy nou daaraan dink, sien!"

Maar die eintlike luister aan die Stadtler-naam is gebring deur die onvergeetlike kommandant Albert Stadtler, die Kalahariman wat saam met Manie Maritz in die Rebellie geveg het.

Wat vir my altyd snaaks is omtrent die Rebellie, sowel in die Noordweste as in die Vrystaat, is dat elke rebel geweet het presies wie in die Rebellie geval het en vernaamlik wie hom geskiet het. En die een wat geskiet het, of hy rebel of regeringsman was, hy was nooit as held gereken nie.

En dit is vir my oor en oor deur oudstryders uit daardie tyd bevestig: dat die Rebellie 'n protes was en nie 'n oorlog nie; dat nie een van die twee kante mekaar regtig wóú skiet nie, maar daartoe gedryf is.

Maar, sê hulle, so was dit nie met Stadtler nie. Stadtler het die regeringsmanne langs die Oranje gejag soos 'n mens jakkalse jag. Hy het geskiet om dood te skiet. Daarom is hy deur die regeringsoldate gehaat en gevrees. Daarom het hy aan boerekant ook moeilikheid gehad. Maar sy onverskrokkenheid kon niemand misken nie, en sy ontydige dood het 'n wending aan die Rebellie gebring.

Ek sal nooit oor die onherbergsame duine van die Kalahari ry sonder om aan die tog van generaal Jan Kemp en sy seshonderd man enersyds en andersyds die tog van die regeringsmense in die Rebellie te dink nie.

Die regeringsmense was goed toegerus, met alle moontlike geriewe tot hul beskikking: waterkarre, boormasjiene, telefoonverbinding wat hulle sommerso oor die toppe van die kameeldorings afgerol het. Motors, moderne wapentuig. Dit was ongelooflik, vertel hulle, die vooruitgang wat in die twaalf jaar sedert die Anglo-Boereoorlog in oorlogvoering en troepe-organisasie gemaak is.

Daarteenoor was Kemp, wat met sy burgers die Kalaharitog aangedurf het om Manie Maritz te gaan help, sleg toegerus; talle sonder gewere of perde. Daar was nie proviand nie. Die osse wat die waens getrek het, se tam vleis is op die skroeiende woestynreis geëet. Hulle het jasse, kamaste en gewere weggegooi en te voet aangestruikel nadat talle perde van die dors omgekom het. In kannetjies, selfs in skaapmae, vertel Kemp, het hulle water, van die modderwater by ou pannetjies probeer saamdra. Honderd keer op 'n dag het hulle aan ou siener Van Rensburg gevra of hy nog nie water sien nie. En deurentyd is hulle deur regeringsmagte lastig geval, moes hulle aan die vlug bly en veg. Sonder hul wete was die bejaarde generaal De Wet, wat dieselfde tog met 'n klein kommando op 'n ander roete onderneem het, reeds by Waterbury gevang – die trotse held van duisend gevegte deur dors ingebreek, omsingel deur woestynson, deur eie bloed gevange geneem.

Sonsondergange, rooijakkalse en Boesmanfiguurtjies is inderdaad nie ál wat die Kalahari inhoud gee nie.

DIE HUIS VAN PAPIER

Wanneer 'n Kalahariboer jou sy lewensgeskiedenis vertel, moet jy nie 'n opwindende verhaal verwag nie. Dit is sonder uitsondering 'n vaal, eenselwige storie waarin net jaartalle en hoeveelhede van spreker tot spreker wissel. Hulle het almal, maar almal soontoe gegaan omdat alle ander deure gesluit was. Omdat hulle om allerhande redes aan die punt van die riem gekom het.

Almal het niks gehad nie: vrou, kinders, 'n donkiewa. Hulle het getrek tot so ver as wat die donkies kon loop by water. Slaggoedjies geruil vir donkies by bruin mense. Daar vasgekoek. Uitgehou. Daar is nie blitssuksesse in die Kalahari nie.

Maar dit is die soort mens wat so interessant is. Dit is mense wie se persoonlikhede geslyp is, nie deur hul medemense nie, maar deur wind, deur sand, deur son. Mense wat 'n ontsaglike taaiheid teen die elemente ontwikkel het, maar kinderlik weerloos teenoor ander mense gebly het. Mense wat 'n leeu met die kaal hande kan verwurg, maar hulle soms van 'n olierige smous kan laat ompraat om karakterlose snuisterye te koop en naas hul velmatte en riempiesbanke te plaas.

Niemand het my sy storie indrukwekkender vertel as Christina Jacobs, in die omgang bekend as Kit, nie. En dit nie omdat Kit Jacobs se storie anders as ander Kalaharimense s'n is nie. Maar wat 'n mens is Kit Jacobs, gebore Steyn, nie!

Kit is 'n mooi vrou. In haar middeljare – gee 'n mens teësinnig toe as jy die ouderdomme van haar kinders in aanmerking neem. Ook 'n bietjie gesetter as wat die mode streng vereis. Maar sy het die spierwit, gloeiende vel van die kappiedraer. Sy het 'n stel ivoorwit, egalige tande, donker, natuurlike krullerige hare en ligbruin oë waarin 'n wêreld van gevoelens en gedagtes soos springbokke in vlug voor jou verbysnel.

"Vrou, ons het niks gehad nie," vertel sy. "Toe ons die dag hier met ons trop skapies staan, het ons niks gehad nie. Die wa, die donkies, 'n handjie vol skapies. Ek het 'n skerm gemaak van kartondose wat ek oopgebreek en met meelsaktoutjies aan mekaar gewerk het. Weet? Ek het dit geplak met vaalpapier en 'n meelpap sodat ek en die meisiekind ons kon was. Jy verstaan? Was. Want my kinders het altyd skoon gaan slaap.

"Ons was arm, ja, maar my kinders het altyd skoon gaan slaap. Ek het vir hulle nagkleertjies van meelsakkies gemaak sodat hulle skoon kon gaan slaap. Ek het so grootgeword.

"En 'n tafel. Daar moes 'n tafel wees. Nie sommer borde rondgee en rondsit nie. Maar 'n tafel. Jy moet daarby kan sit en eet. En jou Here daarby kan dien. Dit hoort so. Ek glo so."

Dan, met 'n skok, besef jy: Sy vertel nie haar lewensgeskiedenis nie. Sy dig dit! Sy sing dit! Soos die bannelinge by die riviere van Babel die lied van hul verlore Israel gesing het; soos die koor in die Griekse tragedies die handeling voorgesing en die verhale vertel het van rampe en dood en teenspoed; soos die vroue in die kraal by die lyke van gestorwe krygsmanne die liedere aanhef van die oorlog en die stryd en die dood – só vertel sy met sagte, trillende stem van die eerste dae op Drieling, hul Kalahariplaas, terwyl sy tussendeur nog vir jou vleisskyfies in die pan bak.

Dan verander haar stemming as sy jou vertel van haar perd Rommel, wat saam met hulle hierheen getrek het. Sy is hartstogtelik lief vir perde. Sy vertel jou van sy maklike strykstap oor die sand, die bruin perd met sy besonderse ruie maanhaar, sy skralerige bles en sy manier om so effens te sak voor hy op galop oorslaan.

Jy sien hom, jy is nog besig met hom as Kit Jacobs al weer terug is by die niks, die nêrens om heen te gaan nie.

Daar was nog die spaarbussies van haar en die meisiekind, hare 'n stroopblikkie en dié van die kind 'n bakpoeierblikkie. Daarin had hulle in die goeie dae die pennies gebêre. Toe vra sy Gert, die man, om dit oop te breek. Hoe dan nou? Dit was dan altyd vir eendag? Nóú was dit eendag. Nou het hy die blaaslamp gevat en dit oopgesmelt. Dit was sewe pond, die twee s'n saam.

"Toe het ek gesê: 'Pappa, nou. Nou gaan ons 'n huis bou!'" Dan lig sy haar sprekende hande. Haar gesig herleef die braambosgeloof van daardie veraf dag teen die rooi Kalahariduin.

"Sewe pond? En môre? Wat dan van môre?"

"Maar ons het nie aan môre gedink nie. Vrou, ons hét nét nié. Aan môre het ons nie gedink nie. Ons het net elke dag geleef soos hy gekom het. En op ons knieë gebly. Daarsonder sou dit ons alles niks gehelp het nie. Niks ..."

Ek het, die Vader alleen weet, nog nooit 'n mens teëgekom wat my so kon meesleur in die slag van haar eie gemoed nie. Ek moes telkens in haar geselskap myself as 't ware bymekaarpluk en beskaamd myself weer in pas bring by die swaarmoedig-onberoerde gesig van Gert Jacobs, haar man, wat onverstoord langs die afgrondelike gevoelslewe van sy vrou stap.

Met die sewe pond het Kit vir haar agt houtpale en 'n rol sifdraad gekoop en met haar kale hande onder die blote hemel vir haar man en haar vier kinders 'n huis gebou. Vandag, dertien jaar later, woon hulle nog in dieselfde huis.

Sy het naamlik voortgebou op die skermidee waarmee sy begin het. Sy het die pale ingeplant en dit met die sifdraad in vertrekke afgeskort: drie slaapkamers, 'n kombuis, badkamer, eetkamer en voorhuis. Sy het kartondose bymekaargemaak en hulle met meelsakkiegare aanmekaar gewerk. Hierdie kartonplate het sy met draad aan die sifdraad vasgemaak, dit bo-oor met 'n meelpap en vaal papier geplak en ten laaste met waterdigtende aluinwater geskilder.

Dit het maande en maande langer as 'n jaar geduur om te maak. Almal wat van haar planne gehoor het, het dose gebring. Die kere wat hulle Upington toe gery het, het sy gegaan waar daar bouery was en sementsakkies gebedel. Dit was 'n swaar ding vir haar: die vra. "Maar ek het gebid, elke keer, voor ek vra. En nie een keer in al daardie maande was dit vir my nodig om 'n sementsakkie van die grond af op te tel nie. Nee. 'Nee, Mevrou,' sê hulle. 'Nee wag, ons laat dit vir jou bymekaarmaak. Dan agtermiddag kan jy kom oplaai.' En dit was so."

As sy dit vertel met trane wat stadig in haar bruin oë vorm, word dit ook vir jou 'n wonderwerk, soos brode wat gebreek en visse wat vermenigvuldig is om skares te voed.

Só het sy eindelik die hele huis klaargemaak. Aanvanklik was die dak ook op hierdie manier gemaak. As die karton net die nodige skuinste gee, sodat die reënwater net nie bo-op bly staan nie, weerstaan die huis die ergste reënstorm van daardie wêreld, en is dit heerlik koel in die somer. Maar die seëninge het aanhou kom. Só het 'n familielid op 'n dag 'n klompie oorskietsinkplate gebring, en kon hulle bo-oor die kartononderdak 'n sinkdak slaan.

Waar die afskortings nie met gordyne toegemaak word nie, is die deure ook van karton, terwyl die buitedeure van oopgekapte oliekonkatjies aanmekaar gesweis is.

Toe iemand vir hulle 'n ou trekkerkis bring, het dit hulle

in staat gestel om deuropeninge en vloerlys te versterk. Die buitemure van die huis is later liggies gepleister, sementvloere is gegooi. Van buite is die huis vandag nie juis te onderskei van die gewone Kalahari-opstal nie. Maar binne blom die geloofsdade van Kit Jacobs nog in onverbleikte glorie. Dit is 'n huis wat jy nie vir ander mense kan beskryf nie. Daar is nie hoeke nie, daar is nie sigbare afskorting van plafon en mure nie. Die kartonmure oor hul beweeglike sifdraadgeraamte, loop soos hulle wil, kronkel soos dit hulle pas. Half lyk dit asof dit 'n grot is wat in sagte grond uitgetonnel is. Want met onfeilbaar goeie smaak het sy die vaalpapier nie oorgeplak met geblomde papier of iets dergliks nie, dit net in die badkamer en voorkamer afgewit.

Sy is lief vir koperdinge, en hier en daar in 'n hoek bring 'n blinkgevryfde ou koperbeker sy stemmingsvolle gloed. Op die vloere lê gebreide bokvelmatjies in wit en bruin en swart.

Ook buite op die plaas is daar volop getuienis hoe die geloofslewe van hierdie vrou bresse in die rotse geslaan het.

Die plase in daardie deel word aan aansoekers toegesê met dien verstande dat hulle dit onmiddellik betrek en binne 'n redelike tyd daar bestaansmoontlike water oopboor. Indien die water nie gekry word nie, kan die aansoeker nie die grond koop nie.

Op Drieling is daar nie water nie. Die Jacobse of dié voor hulle, kon nog nooit daar water kry nie. Die plaas is geheel afhanklik van die uitgeskropte gatdam wat hulle aan die kant van die pan gemaak het en waaruit hulle die water met 'n windpomp die duine invat. Hierdie water word nie as bestaansmoontlike water beskou nie. Daarom kon die Jacobse nog nooit die grond bekom en sekuriteit kry nie. Tegnies behoort hulle lankal van Drieling af te gewees het. Maar hulle is nie. Natuurlik nie. Ek sal nie die een wil wees wat hulle gaan afhaal nie.

En nou, met die koms van die plastiekpyp en die toesinkdam wat verdamping voorkom, nou kom Drieling ook in vir oorweging.

Wat verwag sy nog van die lewe? Want haar kinders is reeds op kosskool; een seun reeds selfstandig.

Dan kyk Kit Jacobs jou met haar onvergeetlike oë aan. Daar kom 'n laggie in hulle los, 'n klingeling: "Vrou, ek gaan nog eendag vir my heel 'n badkamer bou. 'n Perse. 'n Ligte, ligte perse, wat net die kleur so vat ..."

OM VAN DIENS TE WEES

Ses-en-sestig! Martie Burger kan nie glo dat sy laas een-en-sestig jaar oud was nie. Want sy spring nog nes vanslewe se dae oor die draad, vang haar hanslammers om hulle te laat suip, lei die wa se tou as die touleier siek is en soek die bokke wat soek geraak het. As daar 'n koei is wat nie kan kalf nie, help sy haar net so vinnig en doeltreffend as 'n veearts. As daar 'n bobbejaantjie buitenstyd gevang moet word, sal die dokters van Upington nog haastig telefoneer: "Waar's tant Mart? Sê sy moet solank spring, ek kan nie so gou daar kom nie." Of dit 'n wit of swart bobbejaantjie is, dit maak vir tant Mart nie saak nie. Verpleging is in haar bloed. Penisilline of perdemis vir bloedvergiftiging; sulfa of rooikatvel vir inflammasie – dit is vir haar om 't ewe. Sy het haar suksesse met die een, net soos met die ander. Hang af wat byderhand is.

Snags hier teen een-, twee-uur is sy uitgeslaap. Dan vat sy haar hekelwerk. Sy het hoeveel tafeldoeke en spreie al gehekel van wol, hekelgare en ou nylonkouse, maar ook van die syerige tougaring waarmee die mieliemeelsakkies toegewerk word. Soggens halfvyf gaan lê sy weer 'n rukkie, en daarna gee sy oom Willie sy koffie in die bed.

Sy het agt van haar nege kinders grootgemaak. Sy lag haar helder lag as sy vertel: Willie – dis nou die blonde, gevatte oompie met sy netjies geknipte wit snor wat sy koffie in die bed kry – Willie vra vir haar wanneer sy gaan end kry.

Haar end, sê sy, kry sy as sy die dag dood is. "Voor dán is ek nog van diens!" Dan voeg sy hier tussen ons vroue by: "Mans is vir my te stadig, jong. Wat ek in die lewe gedoen wil hê, dit doen ek self. Willie sê wel vir my ou dokter Bok. Maar dis niks."

Dit is 'n opbeurende ondervinding om Martie Burger, vroed- en doktersvrou van die Kalahari, te ontmoet. Sy is 'n rietregop mens met lewendige, blou oë, die moedswillige grys in haar hare deskundig gekleur. Sy het 'n reguit oogopslag wat diep in jou inkyk: na die inflammasies en koorse wat in jou mag skuil, maar ook na jou menslikheid of gebrek daaraan. Sy weeg jou op baie maniere en met 'n verskeidenheid van mate.

Haar siektekennis het my besonder geïnteresseer. Haar moeder was die doktersvrou van hierdie dele en van haar het sy 'n uitgebreide erfenis van veldkennis en van kruiemedisyne gekry. Hierdie kennis moes sy in die afgesonderde wêreld waarin sy leef, tot die uiterste toe beproef. Sy kan nie 'n uitleg gee waarom sommige rate help en ander nie. Sy weet maar net, uit dure ondervinding, as dit help.

Koors, byvoorbeeld. Wanneer 'n baba stuipe kry van koors, gee sy hom klipsweet. Klipsweet, wat sommige mense sê die suursterk water van dassies is. Veral kleurlingbabas kry dikwels daar stuipe, volgens tant Martie, omdat vuiligheid by die naelstring inkom. Daarom sit sy by geboortes altyd kanfer en vet oor die nael tot dit heeltemal genees het.

Dan is daar die koors wanneer 'n kind by masels of so nie wil uitslaan nie. Van die koudoring – 'n bossie wat in die Kalahari groei – kook sy 'n bietjie, laat dit trek en gee dit vir die kind. Nie 'n halfuur nie, sê sy, of die kind lê in 'n sweetbad, en daarna slaan hy uit. Die koudoring, só gedrink, help ook vir voete wat swel as gevolg van water.

Wanneer 'n kind deurmekaar raak van koors, skroei sy 'n springbokhoring onder die as, skraap 'n lepel daarvan af en gee dit met 'n lepel brandewyn in. Dadelik, dadelik, sê sy, raak hy aan die slaap.

Vir bloedvergiftiging is daar warm pensmis wat met warm water gemeng word. Hierin hou die sieke sy voet of hand waarin die vergiftiging is.

Onfeilbaar vir stuipe is perdemis. Tant Martie roer dit in 'n pot kookwater, laat dit trek en dan bietjie afkoel. Die kind word hierin gehou. Eers sal die beentjies sak wat gewoonlik stokstyf getrek is, en in die perdemis sal hy aan die slaap raak. Dan haal sy hom uit, maar pak nog van die mis om sy koppie, sit 'n emmer oor sy gesig sodat hy die lug bly inasem "en so seker as jy hier sit," sê sy, "hy breek daardie stuipe heel!"

Vir inflammasie gebruik sy rooikatvel. Wat sou in 'n warm geslagte katvel wees wat inflammasie trek? Ek het hierdie raat al te veel keer uit te veel oorde gehoor om dit heeltemal in die wind te slaan. Maar nou, waar kry jy altyd so gou 'n rooikat vandaan? 'n Groot, fris Kalahariboer het my vertel dat tant Martie Burger hom, toe hulle nie 'n katvel kon kry nie, van longontsteking deurgehaal het met 'n ou stuk rooi binneband wat sy om sy borskas gedraai het! Tant Martie self sê sy dokter inflammasie graag met die heuningpleister. Net heuning, sterk, warm gesmeer op 'n linnelap en tussen die skouers en om die bors vasgedruk.

Vir 'n kruipseer is daar 'n gebraaide ui wat opgesit kan word; vir 'n fyt, terpentyn of loogas van die loogbossie; vir bord en roos, 'n salf van swael en vaseline.

Sy het my vertel hoe sy 'n man van builepes deurgehaal het met duiwelsdrek – builepes deur die dokter gediagnoseer. 'n Stukkie so groot soos haar duimnael 'n dag lank getrek op 'n koeldrankbottel halfvol water. Daarvan vir hom 'n dessertlepel vol op 'n slag ingegee. Die raat is indrukwekkend, ook wat sy smaak betref. Maar wat groter indruk op my gemaak het, was dat sy vreesloos die pasiënt gaan oppas het.

"Kyk, vrindin," sê tant Martie, "as ek gaan, bly ek. Tot ek die oë toedruk of tot die mens heel buite gevaar is. Ek is nie bangbroek se kind nie."

Tant Martie is by uitstek vroedvrou. Sy het, om presies te wees, onlangs die honderd nege-en-sewentigste wit baba gevang van 'n egpaar wat Upington nie gou genoeg kon haal nie. Swartes is daar drie-en-vyftig.

Die kuns om velle te bewerk, is in die Kalahari besig om uit te sterf. Dit word hoofsaaklik nog net deur die bruin mense gedoen. Die ontwerpe is wel dan altyd baie interessant en vir die leek indrukwekkend, maar die wesenlike velbewerking word 'n verlore kuns.

Die begrawe in klam sand, die afskuur, die bas van die elandsboontjie ... Jy moet weet hoe lank en hoeveel. En as die velle bewerk word, is daar talle dinge wat die verskil tussen die kunswerk en die brouspul maak. So moet die velle vir karosse altyd bewerk word sodat die hare in dieselfde rigting lê, anders val so 'n karos gedurig af, lê skeef en bring soveel wrywing in die velle dat dit nie lank hou nie. En jy moet oor en oor lostrek en skuif en sny tot dit volmaak lê! Daar is die vaswerk wat natuurlik met diere se rugsening gedoen moet word, want doekgare vreet die vel stukkend. Jy moet weet hoe styf, hoe jou laste lê. En geen karos is afgerond sonder sy voering nie. Die insit daarvan is nog 'n kuns. Die kleur van velle, om dit onopvallend te doen waar nodig; om die glans van die haar nie te verloor nie – ja, dis nie sommer net vir brei en vaslap nie ...

Tant Martie Burger is een van die baasvelwerksters van die Kalahari. Toe ek daar was, was sy juis net klaar met 'n lieflike, spierwit sybokkaros. Die ronde mat of, soos sy dit noem, die "flair" van springbokvel, of die swart karkoermat, die handsak van bokvel – sy maak die een so maklik soos die ander, sierlik, smaakvol gewerk in die kleinste stekies van die rugsenings van wildsbokke.

Ek wil nog die klimaat, die afsondering, die teleurstelling sien wat Martie Burger onderkry.

Met haar aan my sy, selfs al bring sy duiwelsdrek en perdemis saam, sal ek 'n siekbed met vertroue trotseer.

EN DIE ORANJE VLOEI VERBY

En die Oranje Vloei Verby, het Sangiro sy laaste boek genoem. Dit vertel van sy tallose swerftogte langs die Grootrivier en van die onvergeetlike ou karakters wat hy daar leer ken het. 'n Wonderlike, innige boek, pragtig vir my.

Vandag het alles langs die Grootrivier verander. Die sukkelkanaaltjies waarin verarmde boere met waterwiele uit die Oranje bakkies vol geskep het, is vervang deur indrukwekkende betonkanale waarin die water met turbines gepomp word. Die ou nedersettingslandjies wat die boere met donkies en hul kaal hande aan die natuur ontworstel het, word vandag met stootskrapers gelyk gemaak en volgens die modernste landboukundige metodes bewerk en beplant.

Hier word tagtig persent van die land se ertjie-oes ingesamel, tagtig persent van die sultanas, meer as vyftig persent van die lusern. Nie net ingesamel nie, maar ook verwerk. Op Upington staan 'n tamaai sultanafabriek, terwyl die koöperasie beskik oor 'n katoenpluismeule, 'n fabriek om ertjies te splits, en koring-, mielie- en lusernmeulens. Die uitgestrekte duinewêreld het klein geword onder die aanslag van die spoorlyn, die teerpad en die vliegtuig.

Maar die Noordweste onthou sy verlede. Elke plek het sy voorgeskiedenis, liefdevol in herinnering gehou deur sy inwoners. Ry saam met Koos Louw, Boesmanlander in murg en been, en hy sal jou die geskiedenis van Pofadder vertel dat dit lees soos 'n verhaal uit die kruistogte. Of Okkie Compion sal jou met liefde op Friersdale die kanaal gaan wys waar moontlik die eerste, die heel eerste kanaal uit die Grootrivier aangelê is.

Elke eiland het sy geskiedenis. Baie huise selfs. In die negentiende eeu het die groot gebeurtenisse van Suid-Afrika hulle in die oostelike dele van die land afgespeel. Maar dit tref my altyd dat daar van elke volkskrisis gewoonlik 'n duidelik waarneembare opdrifsel – 'n vlaag immigrasie – in die Noordweste agtergebly het.

Toe die Voortrekkers noord en oos getrek het, het die wit sendeling na die Noordweste getrek. 'n Hele aantal dorpe daar was oorspronklik sendingstasies.

Griekwastad, wat as Klaarstroom die eerste dorp was wat noord van die Oranje aangelê is (reeds in 1818), was die sendingtuiste van die sendelinge Anderson en Kramer; later ook van die bekende Robert Moffat, wie se dogter Mary met die ontdekkingsreisiger David Livingstone getroud is. Moffat het ook die sendingstasie by Kuruman gestig.

Douglas is weer aangelê deur die sendeling Hughes, en Prieska is reeds in die reisbeskrywings van Burchell bekend as 'n sendingstasie. Dit lyk asof die Londense Sendinggenootskap, wat in ander dele van die land so 'n ongelukkige reputasie verwerf het, hier beter gevaar het – waarskynlik omdat daar nie boere was teen wie hulle die Hottentotte en Griekwas en Korannas kon afspeel nie.

Maar ook die Rynse Sendinggenootskap het hom nie onbetuig gelaat nie. Twee plekke langs die Grootrivier is vir my gewys waar Rynse sendelinggesinne die laaste een uitgemoor is.

Op Upington het eerwaarde Christiaan Schroder hom reeds in 1872 gevestig en in daardie dele onder wit en ander rasse 'n ontsaglike invloed uitgeoefen. Toe was die plek nog bekend as Olijvenhoutsdrift, genoem na die rivierolienhoutbome wat daardie dae bankvas langs die Oranje gestaan het. Vandag is die olienhoutboom heeltemal skaars, en meneer Hammond, wat op Upington olienhoutmeubels maak, het sy bedenkinge oor die toekoms: Nie alleen is die boom skaars nie, maar die stompe moet drie jaar in water lê om te ryp voordat dit gebruik kan word.

Meneer Eloff Conradie, een van die pioniers van Louisvale naby Upington, kweek die olien van saad en steggie. "Ek verkoop hulle, maar ek gee hulle ook present weg," sê hy. "Ek wil nie hê ons ou olienhoutbome moet uitsterf nie."

Eerwaarde Christiaan Heinrich Wilhelm Schröder is in 1836 op Wuppertal gebore, die tweede seun van die Rynse sendeling daar. Soos die meeste ander sendelingseuns is hy na die private skool van eerwaarde Esselen op Worcester gestuur. Daarna het hy hom as skrynwerker bekwaam, vasbeslote om nié sendeling soos sy vader te word nie. Maar ná 'n swaar aanval van pokke het 'n ommekeer in sy lewe gekom en begin hy as ses-en-twintigjarige onderwyser op die sendingstasie Amandelboom (Williston) by eerwaarde Lutz. Die vriendskap wat daar tussen hom en die familie Lutz ontstaan het, sou tot aan die einde van sy lewe duur en tot heil en seën van die hele Noordweste strek. Hier het hy ook sy toekomstige vrou, Lucia Kühn, tante van die skrywer Mikro, ontmoet.

Nadat hy 'n ruk op Schietfontein onder die Rynse sendeling eerwaarde P. Sterrenberg, en ook by De Tuin gewerk het, word hy in 1872 deur dominee Andrew Murray as NG-sendeling van Korannaland georden.

Eerwaarde Schröder en sy vrou, Lucia, was die eerste wit mense wat hulle by Olijvenhoutsdrift in Korannaland gevestig het om die evangelie na die Korannas te bring. Die kerk en huis wat drie jaar later daar gestaan het, was die eerste geboue vir wit mense in die gebied – stewig, met timmermanshande gebou, in onwrikbare geloof in die evangelie wat hy verkondig het.

Hy het onmiddellik die moontlikhede van besproeiing uit die Oranje gesien en toe reeds planne vir kanale geteken. Maar voordat hy daarmee kon begin, het die Koranna-opstande begin. Gelukkiger as ander sendelinge wat langs die Oranje uitgemoor is, kon hy en sy vrou betyds uitvlug. Ná vyf jaar se sendingwerk op Witzieshoek in die Vrystaat, kom hy in 1883 terug na Upington – as sendeling en dié keer onder die Basters daar.

Nou haal hy sy twee vriende, Heinrich en Japie, seuns van eerwaarde Lutz op Amandelboom, oor om na Upington te kom en 'n winkel daar te begin. En Sophia Sterrenberg, dogter van sy leermeester op Schietfontein, laat hy kom as die eerste wit onderwyseres om 'n skool te begin – vir 'n salaris van een pond per maand! Net soos hy self, was Japie Lutz ook as timmerman opgelei. Tussen dié twee mans in die afsondering het drome om 'n landstreek te tem, te beskaaf en te kersten, in werklikhede uitgeblom soos seker nêrens elders in ons land nie. Japie het met Sophia Sterrenberg getrou en só die Rynse groepie tot nog hegter eenheid saamgesnoer.

Die Woord van God is die Brood van die Lewe. Maar die water van die Oranje is die brood van die lewe. Dit het hulle geglo. Hulle het begin om 'n leivoor uit die Oranje te haal. Volgens artikels van J.M. Laubscher is die eerste voor in 1883 deur Schröder met Baster-hulp naby Keimoes uitgehaal, waar hy ook 'n watermeul opgerig het.

Daarna die voor by Olijvenhoutsdrift: "As gevolg van sy praktiese kennis, energieke geaardheid, sy buitengewone deursettingsvermoë en die onontbeerlike hulp van Japie Lutz en J.H. Scott, wat die eerste magistraat geword het, kon die kanaal van veertien myl lank ná twintig maande in gebruik geneem word." (Laubscher.) Om die kanaal het die Baster-nedersettinkie bekend as Keidebees (wat "skewe bome" beteken) begin.

Dit is ook onder eerwaarde Schröder se besieling dat die eerste hanepootstokkies van Stellenbosch af gekom het. Nooit gedink, die goeie man, aan die sondige praktyke van witblits stook wat hieruit sou ontstaan nie.

Die ontdekking van diamante in die jare sestig het ook 'n wit man van 'n heel ander kaliber na die Noordweste gelok: die avonturier – die transportryer wat in werklikheid nie veel erg gehad het aan die siel van die bruin man nie. Sy grond, dit was 'n ander saak. Nou het hier allerhande dinge gebeur wat nie moes nie. Daar is die gevalle waar wit mense hulle ingemeng het in die geskille van die bruin mense en teen betaling van grond hulle teen mekaar help veg het. Die gesogte grond was natuurlik dié aan die Grootrivier. Hier het hulle, meer dikwels as wat in die omgang erken wil word, met die dogters van welgestelde bruin mense getrou en so aan plase gekom. Gevalle is bekend van transportryers wat in Kaapstad hul wit gesin gehad het en aan die Grootrivier 'n kleurlinggesin. Vandaar die groot kleurlinggemeenskap, volledig toegerus met bekende Afrikaanse en Engelse vanne.

In die sendingkerk van Christiaan Schröder is hulle gedoop en getroud, en daaruit is hulle begrawe. Eers in 1893 het die wit mense hul eie gemeente gestig. Die eerwaarde het te kampe gehad met die euwels van sterk drank, verwording, smokkelary en sedeloosheid. In die verhoudings van swart en wit moes hy vreesloos beslissings vel.

Die Hottentotte en Korannas het die wêreld regeer, en daar word nou nog met ontsetting gepraat van die strooptogte van die Hottentot-perdedief, kaptein Klaas Lucas, en die Koranna Klaas Pofadder, na wie die dorp Pofadder genoem is.

So kort gelede as 1884 het sir Thomas Upington, Prokureur-Generaal van die Kaapprovinsie, sir Gordon Sprigg, Eerste Minister, en sir Charles Warren 'n uitgebreide militêre optrede teen die Hottentotte van stapel gestuur. Dit is waarom Olijvenhoutsdrift in 1896 vernoem is na Upington, terwyl die distrik noord van hom Gordonia geword het, en Warrenton na sir Charles Warren vernoem is.

In 1898 is eerwaarde Schröder onbestrede verkies tot parlementslid vir daardie geweste. Toe was hy reeds besig om die beslag te gee aan die arbeidskolonie van die NG Kerk daar naby. Toe die NG Kerk in 1894 besluit om 'n arbeidskolonie langs die Oranje te begin, hoofsaaklik as gevolg van die sukses van Keidebees, is die hulp van eerwaarde Schröder vanselfsprekend gevra. Toevallig was hy op besoek in die Kaap. Die kommissie het hom ontbied. Waar langs die Oranje kon daar nog 'n watervoor uitgehaal word? het hulle hom gevra. Sonder aarseling het hy na die groot kaart gestap, sy vinger gedruk op die plek waar Kakamas vandag is en gesê: "Daar!"

Die jaar 1896 was 'n jaar van ongekende droogte in die Noordweste. Talle wit mense het sonder heenkome geraak en na die Oranje gestroom. Nou het die skema van die NG Kerk 'n dringende noodsaaklikheid geword. Die kerkkommissie, onder konvenorskap van dominee B.J. Marchand, het Schröder opdrag gegee om die werk te onderneem. Só is met die sogenaamde suidvoor van Kakamas begin.

Schröder se resep was dieselfde as die vorige keer. Hy self met reihout, troffel en waterpas in die voor; Japie Lutz as uitmeter en beplanner langs hom. Japie Lutz het 'n besondere aanleg gehad vir die ingenieurskant van die onderneming. Dit was 'n bomenslike taak wat met sweet en bloed en trane verrig is. Maar: "Gode sy gedank dat ek klipbore kan skerpmaak en kan messel," sê die eerwaarde net. Daar by die vore het hy vir die nedersetters nog hul eerste nagmaal bedien!

Saam met hulle, as bestuurder van die winkel op die arbeidskolonie, het Danie Kuys gewerk. Hy is later getroud met die aangenome dogter van eerwaarde Schröder en het 'n reuseaandeel geneem in die ontwikkeling van landboumetodes in daardie dele. Dit is hy wat die sultanadruif na die Noordweste gebring het, wat later die stapelproduk van die Oranje geword het.

(Heel toevallig het ons deur Kakamas gery net toe die geskiedkundige naam "Arbeidskolonie Kommissie winkel" ná al die jare op die winkel in Kakamas doodgeverf word. Ek moes my weereens verbaas oor die onbewoënheid waarmee ons Afrikaners ons verlede van ons afskud.)

In hierdie tyd moes die eerwaarde steeds sy sendingwerk op Upington doen en hom naweke terughaas om die sakramente te gaan bedien. Sy vrou het alleen op Upington die fort gehou. Die smart in haar lewe was dat sy kinderloos was. Maar by die Schröder-huis was daar altyd kinders. Die eerwaarde het een van sy broer se seuns aangeneem wat later die sendingwerk in Suidwes sou voortsit, terwyl twee dogters van sy eggenote se broer ook by hulle grootgeword het.

Toe die Tweede Vryheidsoorlog uitbreek en die Republikeinse magte Upington inval, het hulle eerwaarde Schröder aangestel as voorsitter van die Krygsraad, wat 'n Kaapse rebel van hom gemaak het. Net so onversteurd as wat hy kanale gemessel het, het hy hom hierdie onbenydenswaardige eer laat welgeval. Saam met sy aangenome seun, sy vriend Japie en andere is hy kort daarna deur die Engelse gevang. Hy is van die ander afgesonder en eers na Kenhardt en later na die Tokai-gevangenis in die Kaap gestuur.

Ná die val van Upington het die gees van die Rynse sendelinge verlore geraak. Die Basters het die NG Kerk by die dosyne verlaat en 'n Independente kerk gestig. Die Skotse regiment, deur die Basters die "ketelskouts" of die "butterskouts" genoem, het groot aansien geniet. Ek het die voorreg gehad om van die sogenaamde lappiesgeld uit daardie dae te sien: Die ou Skotte se soldy is uitbetaal met 'n gestempelde lappie wat 'n sekere inruilwaarde gehad het.

Die Basters, wat die kerkbanke van die eerwaarde voor die oorlog volgesit het, het hom nou geweer in die hand in die tronk bewaak. Hulle het die getuienis tydens sy verhoor as rebel teen hom gelei. Die tuine van sy huis is verniel, sy vee gekonfiskeer.

Baie van die Skotte het ná die oorlog nie weer teruggegaan nie. Die landmeterswerk van die uitgestrekte Kalahari is grootliks deur hulle gedoen. Vandaar dat name soos Loch Broom, Glendower, MacKenziespost en Sonnikin naas Obobogorop, Tchaimoep en Narugas voorkom.

Ek het altyd gemeen die naam Askham, die belangrike Kalaharisentrum, is 'n doodgewone boerenaam. Nee, vertel hulle. Een van die ou Skotse landmeters het daar diep in die Kalahari uit sy ontbytham en eiers geraak. 'n Boodskapper was juis op pad kamp toe, en die ou Skot het haastig 'n ander boodskapper agterna gestuur met 'n dringende opdrag: "Ask ham." Die boodskapper het vol selfvertroue die boodskap geskandeer en weggegooi. En niemand by die kamp kon verstaan wat hy bedoel toe hy sê: "Die oubaas het laat weet ek moet vir die oubaas hier kom askham sê."

En Askham het die naam van die plekkie op die wal van dié Molopo gebly. Toe eerwaarde Schröder in Maart 1903 uit die tronk kom, was sy gesondheid gebroke. En die atmosfeer op sy tuisdorp het hom die finale nekslag besorg. Twee jaar sukkel hy nog voort met Kakamas voordat hy sy demissie vra. In 1912 is hy oorlede.

"Kom, leser," sê eerwaarde D.H. de Villiers toe hy 'n oorsig van die werksaamhede van die Sendingkerk in daardie jare gee, "laat ons in die gees 'n oomblik stilstaan – die hoof ontbloot – en God dank vir 'n Christiaan Schröder en sy eggenote."

Dit was Japie Lutz en Danie Kuys wat die werk saam met andere aan die Oranje sou voortsit. Dit is Japie wat in 1910 saam met dominee Marchand oor is na Duitsland en Switserland om masjinerie vir elektriese krag en staalpype vir die ontwikkeling van Marchand-eiland te gaan haal. Saam met hulle het hulle twee Switsers, Kraushaar en Hankgarten, gebring – kundige ou boumeesters wat menige boerseun die grondbeginsels van stewige sementwerk in die afleivore geleer het.

Dit is Japie Lutz wat Brakbos-eiland naby Keimoes ontwikkel het. Die Karosskema by Buchuberg, die nedersetting by Onseepkans, honderd myl onderkant Kakamas en die Rhenosterkop-uitbreiding naby Kakamas staan almal as monumente vir die ondernemingsgees van hierdie geniale ingenieur sonder geleerdheid. Hy was 'n lieflike, aanvallige mens. Oral waar jy iets oor hom te lees kry, word hy "die alombekende en beminde oom Japie Lutz" genoem. Van daardie tyd getuig hy self: "Dit was die lekkerste jare van my lewe. Almal het my liefgehad en ek vir hulle; en waar liefde woon, gebied die Here sy seën." In sy negentigste jaar het die Universiteit van Stellenbosch die eregraad MSc aan hom toegeken uit waardering vir sy dienste. Dit is Japie en Sophia Lutz, met hul twaalf kinders, wat die Rynse denke verder die tyd ingedra het.

Van die Lutz-kinders is die appeltjie wat die naaste aan die boom geval het, miskien sy dogter Louise. Ook sy is in haar jong dae met die ossewa afgestuur tot op De Aar, waar sy die trein moes haal na eerwaarde Schumann se private skool vir meisies op Worcester. Soos haar moeder, het sy onderwyseres geword en teruggekom na Upington. En terwyl haar vader by die kanale geswoeg het om die ontredderdes van 'n lewensbestaan te verseker, het Lou Lutz op haar beurt geswoeg om aan die kinders van hierdie mense kennis te bring. Toe sy later met prokureur Fanie Malan getroud is, was dit as lid van die ACVV wat sy haar gemeenskapsdiens voortgesit het. In 1958, toe sy al agt-en-veertig jaar lid van die ACVV was en agtien jaar voorsitster, is 'n adres aan haar gebied waarin gewag gemaak is van die "beskeie, taktvolle en liefdevolle wyse" waarop sy die vereniging gelei het. Die Lou Malan-Tehuis vir werkende meisies staan as waardige monument vir haar ywer.

Die mantel het van haar skouers geval op dié van haar dogter Sophie – Sophie, wat gebore is terwyl die rebelle en die regeringsmagte om Upington geveg en die koeëls deur die lug gefluit en haar pa en oupa Japie gevange in die rebelletronk op Kimberley gesit het.

Ek het self ook heelwat ervaring van Lutz-deeglikheid. In my skooldae was juffrou Maggie Lutz, ook lid van hierdie familie, ons koshuismoeder. Sy was 'n klein, tenger mensie, maar het met vaste Rynse hand vir geslagte van Kroonstadse skoolmeisies die leisels gehou. Hoe jy loop, hoe jy eet, hoe jy praat, hoe jy bid – dit het sy jou geleer.

Ook van die Schröder-invloed het gelukkig genoeg tot op Kroonstad deurgedring. Juffrou Lulu Schröder, aangenome kleindogter van die ou eerwaarde, is al jare lank kindertuinonderwyseres op Kroonstad en iemand wat veel bygedra het tot die hoë standaard van onderrig op die dorp. By haar is nog talle herinneringe aan die ou pastorie op Upington en aan die wonderlike, begrypende oupa wat altyd, naas sy diepe stigtelikheid, kon sorg vir genoeg droëvrugte en lekkernye vir sy kleinkinders. By haar nog is erfstukke uit die Schroder-huis: 'n koper-bed-verwarmer, kopersoplepels en emmers glansend gepoets. Die rystoel van Christiaan Schröder, die voetbankie wat hy self gemaak het, sy Bybel waarin die tekste met datum van preekstelling aangeteken is. En veel nog van die idealisme, die onversteurbare, praktiese Godvrugtigheid van die Rynse sendingwerker.

'n Mens kan natuurlik nie oor Upington se wêreld skryf sonder om ook die ander pool in sy samelewing, soos dit vóór die Boereoorlog was, aan te roer nie, naamlik die persoon en bedrywighede van Scottie Smith, die perdedief, wat soms die Robin Hood van die Afrikaanse veldlewe genoem word. Hy het daar rondgeswerf op sy perderooftogte, maar hy sou 'n besondere meegevoel gehad het met weduwees en armes en verstotenes wat hy nooit leed aangedoen het nie – selfs nie in uittartende omstandighede nie. Talle legendes het om sy persoon ontstaan. Sy graf kan jou gewys word in Upington se kerkhof. Daar is 'n boek oor sy veelbewoë lewe geskryf (wat wemel van onjuisthede, sê die Smith-kenners).

Maar daar is baie Upingtonners vir wie die Scottie Smith-verering 'n doring in die vlees is. Daar word gereken dit sou 'n kwade dag wees as die naam van Upington, een van die briljantste advokate wat Suid-Afrika ooit gehad het en 'n man van uitnemende wysheid en regskapenheid en persoonlike dapperheid, vergeet word ter wille van 'n dief soos Scottie Smith.

Hoe dit ook sy, Scottie Smith het saam met sy persoonlike vriend, Robert Frier, 'n uitgeweke Kanadese matroos wat transportryer geword het, op die plaas gewoon wat Frier Friersdale gedoop het. Daar is nog mense wat glo dat dit stellig Robert Frier was wat op Friersdale die eerste kanaal uit die Grootrivier aangelê het. Hier het Frier van eerwaarde Schröder se druiwestokkies geplant en weldra was Friersdale die belangrikste stookplek van witblits. Ou Frier en Scottie het die witblits per pakdonkie die Kalahari en Betsjoeanaland ingestuur in ruil vir vee en groot geld gemaak.

Witblits stook, is natuurlik 'n tema op sigself in hierdie wêreld. Dit was meer as net onwettig alkoholiese drank stook. Dit was 'n simbool van die goeie lewe, dit was die kroon op suksesvolle arbeid, die hoogste uitlewing van jou onafhanklikheid. Later, ná Robert Frier se dood, het die plaas saam met sy groot ou stookketel in die hande van oom Lambert van Sittert gekom.

Oom Lambert was 'n gesiene inwoner van hierdie gebied, 'n man wat oneindig veel gedoen het vir die verarmde intrekkers wat hulle in die eerste jare van hierdie eeu langs die Grootrivier kom vestig het en wat sy hand gehou het oor die verjaagde eilandbewoners wat onwettig op die kroongrond geskuil het. Dit is hy wat die eerste brug vir die Onderkomse eilande eiehandig gebou het om hulle só toegang tot die buitewêreld te gee. Maar oom Lambert was ook die meester-witblitsstoker van Grootrivier, wie se gesogte produk nooit in die vraag kon voorsien nie. Dit is so 'n man wat hom heftig teen die aksynswette versit het.

Sy vate staan vandag nog daar in sy wynkelder waar hy witblits gestook het met 'n oorproef van vyf-en-sestig, waar gewone brandewyn 'n onderproef van omtrent negentien het. As jy hom stook, vertel hulle my, moes jy altyd jou oog op die wind hou. Want as die wind die dampe in die rigting van die stookvuur waai, sien jy net een blou vlam, wat onmiddellik met sakke gesmoor moes word. Dit was so sterk dat dit uit jou mond verdamp byna voor jy dit sluk. Jy moet hom drink met water. 'n Baie sagte water, herinner die rivierbewoners jou liefdevol. Om witblits met brakwater te skink, is om hom tot in sy niere te kwes.

Die aksynswette het hierdie kundige ou stokers hoe

langer hoe vaster geknel. Net dertig gelling mag 'n stoker later vir eie gebruik gehou het. Dit was 'n bitter pil om te sluk, en die stokery het toe doodeenvoudig ondergronds gegaan.

Hulle wys jou sonder skroom die vate met die vals bome, met sy rietpyp deur die boonste vat. Bo gooi hulle wyn, onder witblits. Word die polisie verwag, dra hulle die vate snags op hul skouers uit en gooi dit in die rivier tot alle gevaar verby is.

Die aksynsmense het self in die jare vyftig Friersdale se ou stookketel kom afbreek. Vandag staan dit ongeskonde en groen aangekoek onder 'n kameeldoringboom.

Robert Frier het ook 'n koringmeul hier gebou. Ek het nog self hierdie meul gesien waarvan die tandratte, tagtig in getal en uit olienhout gesny, vandag nog net so stewig is as die dag toe hulle ingesit is. Vandag behoort hierdie plaas aan meneer Okkie Compion, lid van haas elke verantwoordelike liggaam in die omgewing. En dit is 'n ondervinding om na sy Scottie Smith-stories te luister.

Die rousteengeboutjie met die koringmeul staan nog ongeskonde langs die Grootrivier. Ongeskonde behalwe vir die koeëlgate wat in sekere stene sit. As ou Robert Frier en Scottie van hulle eie voortreflike witblits in gehad het, het hulle baiekeer teiken geskiet na Scottie se ou kleurlingwerker Jacob, dat hy die steiltes afhol tot sy rug eintlik hol trek. Ou Jacob, vandag 'n ou man, diep in die negentig, woon nog steeds op Friersdale. En sy troebel ou oë kry 'n nuwe glans as hy jou van hierdie dae vertel.

"Ja, baas Scottie. Baas Scottie het enige gemors aangerig as hy tyd het. Boesmans vrek geskiet darem ook." En dit word deur hierdie volboed-Nama gereken as een van baas Scottie se goeie eienskappe.

"As baas Scottie by jou gekom het en jou gesê het só moet jy maak, en jy versit jou, dan het jy met jou lewe geboet," sê hy met sy knopperige ou vinger na bo gesteek. Baas Scottie was, naas sy ander bedrywighede in die Boereoorlog, ook kaptein van wat ou Jacob die Ketelskote noem.

Maar die gebeurtenis wat in die Noordweste in die geheue van elke middeljarige gegrif staan, is die Rebellie.

Ja, die feite is landsbekend. Generaal Smuts het die volk verseker dat Suid-Afrika Suidwes alleen sal aanval wanneer die Duitsers die Unie aanval en dat die jong seuns van die verdedigingsmag in elk geval nie vir hierdie werk gebruik sou word nie. Maar die Verdedigingsmag onder Manie Maritz is nietemin na Upington gestuur, sogenaamd vir oefeninge, maar kort daarna is die eerste geveg tussen Unietroepe en Duitsers reeds geveg op Duitse grondgebied, en hy kry opdrag om met die seuns uit te trek na Van Rooysvlei vir 'n aanval. Toe begin Manie Maritz met die Duitsers onderhandel en kom eindelik voor die keuse te staan: óf Duitswes met die seuns binneval, óf met Duitse hulp die Unietroepe aanval.

Aangrypend vertel oom Andries Engelbrecht van die

dag op Van Rooysvlei toe Maritz die verdedigingmag se kentekens van sy uniform afgestroop, sy hoed afgehaal het, die kant wat volgens verdedigingsmagdrag opgeslaan was, afgeslaan het en die ander kant opgeslaan het soos hy dit gedra het as vegter in die Boereoorlog. En hoe hy hulle toe voor die keuse gestel het: Dié wat saam met my rebelleer, tree agtertoe. Dié wat nie wil nie, tree vorentoe. Julle is nou ons prisoniers.

"Ag," sê oom Andries, "wat het ons geweet? Ons was kinders. Maar vir Manie Maritz was ons banger as vir die duiwel. As hy sê loop deur daardie vlam, het ons net geloop. Jy hét net."

Hulle het saam met hom geveg. By Soetap, by Nous, by Skuitdrif, by Kakamas, waar hulle groot oorwinnings behaal het en hulle die regeringsmense van vroeg af uit die komberse geskiet het. Ja, dit was so, erken 'n volgende oudstryder uit daardie dae, oom Piet Viviers wat in die verdedigingsmag onder kommandant Breedt geveg het aan regeringskant. Ook by Keimoes moes daar gevlug word.

Oom Piet Viviers, 'n gebore verteller, kan jou die interessante staaltjies uit daardie oorlog vertel. Dit was, meen ek, by die Slag van Keimoes, wel deur die regeringsmense gewen, maar ná 'n bittere geveg wat enige kant toe kon draai.

"Dis daar," vertel hy, "wat ek gesien het hoe min 'n kondêm heup aan 'n man kan doen in 'n geveg. Ek en 'n klein Theron het half van die ander af geraak. Ons lê naderhand so op 'n klein aartjie en skiet na die Duitsers so 'n vyfhonderd tree van ons. Maar hulle peper ons verskriklik, en ek sien hier gaan hulle vir ons doodskiet. Nou kyk ek my kans af en nes die skietery bietjie afbreek, duik ek eenkant toe en gryp vir my 'n klip. Dié sit ek voor my. Naand het ek darem so 'n hopie, 'n effense skuilinkie voor my. Nou lê Theron so effens agter my en skiet. Naand is my oor ook aan die een kant heeltemal doof van die skiet maar dit wil al vir my gaan ek hoor skote hier reg bokant my. Maar nou ja …

"Na 'n ruk val dit my by dat boetie Floors – swaer van my vrou, 'n man met 'n kondêm heup – saam met ons was toe ons hier gekom het en nou iewers laer af aan die rivier hoort te wees. En ek weet ons kan nie sonder hom uit nie. Ek seil toe so versigtig na die kante toe af en vorentoe om hom te gaan waarsku. Want die Duitsers het in die tussentyd laer af deurgekom en beweeg nou langs die rivier op.

"En ek kry hom toe. Agter 'n groot granietrots sit hy, met sy rug na die vyand, sy geweer regop op sy skoot. En dan elkers steek hy 'n patroon in en skiet 'n skoot regop die lug in. Bang die Duitsers skiet hom raak as hy uitloer."

Hulle is nog daar, toe hoor hulle net een dreuning, en my liewe sondaar, toe is die koppie agter hulle waar kort tevore nog hulle eie mense gelê het, net die ene Duitser. Hulle vlieg op en beginne hardloop.

"Nou kyk," vertel oom Piet met 'n vonkeling in sy oë, "ek kon hardloop op my dae. G'n niemand kon my leed aandoen nie, want ek hardloop weg dat niemand my vang nie. En daardie dag haal ek uit so wat ek kan. Maar as ek so omkyk, dan is boetie Floors hier by my, op my hakke. Ek beduie nog ons moet bietjie sprei, want hoe dikker die bokke kom, hoe makliker skiet jy hulle raak, maar wat, Floors bly so uitbors, al by my, al by my. Sy kondêm heup heel weg."

'n Ent verder gewaar oom Piet toe 'n klompie van hulle perde staan, tog te eienaardig: die koppe almal gedraai na 'n klein bakoondjie toe. Ja, waarlik, al die halterrieme gaan in die bakoond in. Toe oom Piet die bakoond oopmaak, hier sit een van sy vriende, spierwit geskrik binne-in die bakoond met die perde.

Maar voor hulle 'n perd opgesaal kon kry, reën die koeëls en dit is maar weer voetsaal voor. En dit is toe, sê oom Piet, dat hy die vreeslikste dors kry wat hy in sy hele lewe gehad het. Sy watersak had hy in die hardloop reeds weggegooi. Dis 'n dors wat die lewe uit hom pers. Toe hulle oor die bruggie van die "main-voor" hardloop, toe dag hy hulle kan die hele Duitse oormag op hom sit, maar water drink hy nou. En hy val plat op die bruggie en skep met sy hande water op. En dis met dié, sê hy, dat hulle die man wat net voor hom hardloop, op die bruggie net onder die hakskeen inskiet "dat hy eintlik sommerso inklim in die lug in ..." Dit alles nou in 'n geveg wat volgens die geskiedskrywing deur oom Piet se mense gewen is.

Ja, 'n mens se ure word aande, en aande weke in die geselskap van hierdie stryders van 'n halfeeu gelede met hul sin vir humor en hul fyn waarnemingsvermoë. Hulle kan jou die plekke gaan wys, die rantjies, die slote, die haak-en-steek waar Hendrik Lerm, die Duits-gebore aanvoerder, die dag by die Slag van Upington doodgeskiet is en sy bloed die wawielspoor langs hom volgeloop het.

Daar is die aangrypende potloodmededelings uit die sakboekie van wyle oom Piet Oberholzer, wat by was toe die onverskrokke Albert Stadtler hulle van hom af weggestuur het: "Julle moet ry, Piet. Ek het die skoot by die heup in. Baie sleg. Ek sal die son nie môre sien opkom nie."

Daar was die dag by Koegoekoep toe Maritz hulle beveel het om saam met Kemp en Bezuidenhout te gaan oorgee, maar dat hy Suidwes toe gaan met dié wat hom wou volg.

Ja, daar sou nie teen hulle opgetree word nie. En toe die Duitsers wat 'n agterna-aanval loods omdat die rebelle kwansuis hul wapens en toerusting sou gesteel het. "'n Infame leuen," sê oom Andries Engelbrecht. "Dit was alles verdedigingsmag-goed. Die Duitsers het omtrent niks van niks gehad nie. Hulle het ons almal belieg. Oor hulle wapens en oor die getalle van die mense wat hulle sou stoot."

Die gevolg van die nágeveg was dat seuns soos oom Andries-hulle toe van voor af op Upington in hegtenis geneem is, omdat daar gemeen is dat die oorgawe 'n set was.

"Ek was kwaad vir Maritz oor hy ons in dié ding gebring

het, terwyl ons kinders was en nie van beter geweet het nie," besluit oom Andries. "Maar dit sal ek sê. Daar was nie in al die tye, nie toe of vandag, 'n beter krygsman as Manie Maritz nie. Onverskrokke ja, maar nooit onverskillig nie. As jy jou lyf onnodig uitsteek in 'n geveg, is hy nou-nou by met die sambok. 'Ek is nie hier om lewens te neem nie,' het hy altyd gesê. 'Ek is hier om vir 'n saak te veg.'"

Ja, Maritz was onverskrokke. At van Wyk, 'n ou bruin man wat jare se lief en leed met Maritz gedeel het, vertel hy het die manier gehad om slagysters te stel vir die tiers.

Hulle kom toe op 'n dag in die veld en sien dat die tier met slagyster en al vort is. Sit hom toe agterna. Maar geweers het hulle nou nie by hulle nie. Kry die tier eindelik waar hy in 'n trassiebos skuil. ('n Trassiebos is 'n bos in die Kalahari wat in die vorm van 'n kraaltjie groei. Hy is nie haakdoring nie, hy is nie driedoring nie, hy is nog vis nog vlees, nie 'n meisie nie en nie 'n mannetjie nie, het oom Mias Roussouw daar bo in die loop van die Kuruman aan my verduidelik.)

Nou ja, in die trassiebos sit die tier toe vas. Toe sê Manie Maritz vir At: "Gaan jy nou in en molesteer hom. As hy uitspring, val jy plat. Ek sal hom met die stiebeuel doodslaan."

"Jy gaan toe?" vra ons verwonderd.

Natuurlik gaan hy. So bang, so bang dat die sweetstrale hom afloop. "Maar wat help dit? As jy nie gaan nie, is Manie baie erger as die tier. As jy saam met hom gejag het en jy hardloop weg, moet jy baie, baie ver weghardloop, want jy kan nooit weer terugkom nie."

Hy het gegaan, die tier gemolesteer, en die tier het uitgespring. Manie het met die stiebeuel geslaan, maar die tier het sy kop laat sak en dit was mis. Toe het Maritz, wat 'n geweldige sterk man was, hom met die kaal hand bygedam, hom met die vuis katswink geslaan en hom met sy knipmes doodgesteek.

Dit is 'n heeltemal logiese verhaal, verseker Hendrik Human, een van die baasjagters van die Kalahari my. As 'n leeu storm, weet jy presies wat om te doen. 'n Leeu storm doodreguit met sy lyf. Net sy bene roer onder hom. Ja, hy kom gelyk, doodgelyk soos 'n vat. Maar 'n tier ... 'n Tier is heeltemal 'n ander saak. Hy kom onegalig: op en af. Sy hele lyf beweeg. Sy kop is nie een oomblik in dieselfde posisie nie ..."

Iewers het ek die draad van my vertelling verloor. En dis nie te verwonder nie. Langs Grootrivier loop een vertelling altyd oor in 'n ander. Die oorlog, die jagveld, die dorsland, die rivier en sy kanaalvore. Die stories van die een word onvermydelik vertel in die idioom van die ander. En dit is almal lang stories, intieme kampvuurverhale, want die geskiedenis van die Noordweste is nog nie deur die ongenadige hand van die geskiedskrywer gesnoei nie. Dit leef nog ongeskonde in die mond van sy storievertellers, belig met die lig van die kampvuur, deurtrek met die geur van asgebraaide gemsboklewer.

DIE OU TAAI MAN ANDERKANT

Vir die res van die land is Kanoneiland seker die belangrikste eiland in die Oranjerivier. Elke keer as hy sy walle oorstroom, is Kanoneiland in die gedrang, sien ons foto's van hom uit die lug, lees ons van vasgekeerdes se angsverhale van helikopterreddings. Kanoneiland is snuifgetrap deur verslaggewers. Al om die ander inwoner kan jou 'n koerantuitknipsel bring van sy persoonlike vloedondervindings. En op hulle beurt kan Kanoneilanders jou heerlik vermaak met verslaggewers se manewales tydens oorstromings.

So het mevrou Lettie Engelbrecht – daar is drie afsonderlike groot Engelbrecht-gesinne op Kanoneiland – my vertel hoe twee van hul bruin werkers, Simon en Piet Watervoer, ingestem het om 'n sekere verslaggewer met blokke oor te swem na die oorstroomde Kanoneiland. Met 'n blok oorswem beteken doodeenvoudig dat jy 'n wilgerstomp van so vier, vyf voet neem, 'n ysterpen daarin slaan om aan vas te hou en jou dan met so 'n blok oor die sterkste stroom roei. Jy laat net toe vir afdryf en bly op die uitkyk vir verbydrywende boomstompe. Dit is die algemene manier waarop vasgekeerde diere van die eilande verwyder word. Vir die eilandbewoners is dit 'n doodveilige, volkome ondramatiese manier om die vloedwaters te trotseer.

So het Simon en Piet die verslaggewer deurgeneem – sy klere en kamera op sy kop vasgebind. 'n Paar dae later het die verslaggewer se hoogs dramatiese verhaal van sy lewensworsteling in die malende vloedwaters verskyn. Tree vir tree het die leser saam met hom en die Dood na die oewer geveg. Dit was 'n lieflike storie, want hy was 'n goeie verslaggewer.

Mevrou Engelbrecht-hulle het Piet en Simon laat kom en vir hulle die storie hardop uit die koerant voorgelees. En was die twee nou vir jou verontwaardig!

"Maar hoor hoe lieg so 'n man! Ons het hom so versigtig soos 'n bybietjie oorgevat. En hy maak of ons hom wou versuip!" Hulle sit glo en wag vir hierdie verslaggewer. Hierdie slag, sê hulle, gaan hulle hom sekerlik 'n paar slae "tiep" as hulle hom oorvat.

Kanoneiland bestaan in werklikheid uit drie eilande: Baklei-eiland, Vlameiland en Agtereiland, elkeen van die ander geskei deur diep rietsloepe wat, as die rivier min water het, soms droog is. Hulle is verbind met klein paalbruggies, en met die oewers deur die Eendrag- en die Manie Conradie-brûe.

Dit is 'n plat, vlak eiland met vrugbare, diep leemgrond waarvan elke duim benut word. Om die sewe myl lange, twee myl breë strook met sy vlak op vlak groen lusern, ertjies en sultanapriële te sien, is 'n onvergeetlike gesig. Die opstalle is almal gebou op 'n paar hoërliggende bourante, waar die kerk, skool en munisipale geboue saamgetrek is om die eintlike dorpie Kanoneiland te vorm, terwyl die hele gemeenskap se grond in die vlakker dele uitgemeet lê. As jy, soos ek, in die winter daar kom, hang swaar rookwolke oor die eiland en oral sif daar swart roetdeeltjies neer: die swart kapok, noem die eilanders dit. Dit is wanneer die droë rietsloepe uitgebrand word.

Die Kanoneilanders is 'n onafhanklike klomp mense met hul eie bestuursraad wat hul sake behartig. Hulle is kinderlik trots op hul voorgeskiedenis en bewaar al wat hulle kan van hul erfenis.

Kanoneiland? Vanwaar die naam?

Daar word gereken dat daar in die Witbooi-Hottentotoorloë 'n klomp Hottentotte op die eiland vasgekeer geraak het. Hulle het toe besluit om hul eie kanon te bou. Iewers vandaan het hulle 'n ou kanonloop gekry en hom na die Boerekant opgestel. Toe het hulle ou potte en panne stukkend gekap en die loop daarmee gelaai. Kruit is ingestamp en die spulletjie aan brand gemaak. 'n Geweldige ontploffing het gevolg waarin 'n hele klomp omstanders gedood is. Dit was 'n hele teleurstelling totdat een van die grootkoppe hulle die ding so verduidelik het: "Manne, as dit so lyk hier by ons, wil ek nie sien die gemors wat die koeël daar anderkant onder die Boere aangerig het nie!"

Voor die skool op die eiland staan 'n replika van 'n ou kanon, met bo-oor opgestel een van die eerste ou platboomskuite wat gebruik is om die eiland te bereik.

Sy wapen, wat dikwels op amptelike stukke gebruik word, toon twee kanonne rug aan rug.

Die eiland het in 1927 net voor die depressiejare sy beslag gekry, en soos al hierdie nedersettings het dit verrys uit die wanhoop van verhongerde mense. Sommige van hulle het weilisensies op Kanoneiland gekry en die eiland toe eenvoudig beset. Daar was twee-en-vyftig, vandag nog onthou en geëer as die "ou" twee-en-vyftig wat begin het om met kaal hande 'n dam, dit wil sê 'n keerwal, na die eiland te bou. Hulle het vir hulle huisies van kafbale gebou en dit met modder afgepleister.

"Ek het gesien dat manne Maandagoggend saam met my kom inval met twee brode sonder 'n enkele lepel koffie tot Vrydagaand," vertel oom Andries Engelbrecht, wat nog een van die "ou" twee-en-vyftig is, jare lank voorsitter van die bestuursraad was en in wie se huis 'n pragtige geraamde adres hang wat aan hom oorhandig is vir sy dienste aan die eiland deur die jare heen.

Bitter was die teleurstelling toe die dam klaar was en die water nie hoog genoeg gestoot het vir kanaalbesproeiing nie. Hulle moes 'n tweede dam bou voordat die regte hoogte bereik is.

Hulle onthou nog wyle advokaat J.H. Conradie, wat hulle 'n paar honderd pond geleen het om die werk klaar te maak. In liefde dink hulle terug aan ou sersant Andries Coetzee, wat sy oë toegeknyp het vir die bouery en omslagtig eers kennis gegee het voor hy kom inspeksie doen op die eiland om te kan rapporteer dat die eiland "ongeskonde is en deur niemand bewoon word nie". Daar word gedink aan Piet Mog (Piet de Villiers), wat maar anderpad gekyk het as hulle van die Regering se pakhuise ou planke en baaldraad vat om die vorms te bou vir paalbruggies.

Vandag het Kanoneiland bo dit alles uitgegroei. Sy enigste en steeds sorgwekkende probleem bly vloedskade. In die jongste vloed weer is noodwalle van by die twintig voet hoog eenvoudig weggevee deur die vloedwaters. Vandag nog is daar stukke land wat nog net so lê onder lae dryfsand. Niemand sien kans om dit reg te kry nie. Hulle noem dit baie realisties die kondêm erwe. Daar is 'n hele stuk grond wat amptelik aan die boerdery onttrek is. Hierop is nou 'n plantasie bloekombome geplant wat miskien (en miskien nie) sal help keer dat die stroom in die vervolg so 'n vat aan die keerwalle kry.

Ná die vorige vloed het die sultanas tot by hul trosse in die modder gestaan. Die hele oes wat van die voorafgaande droogte oorgebly het, is so tot niet. Gesnyde lusern wat op die land was, het in myle lange opdrifseltoue aan wingerde en heinings gehang. Die stank van verrottende sojaboonpeule en lusern was weke daarna so erg dat meer mense as gevolg daarvan van die eilande moes wegvlug as weens die vloed. Daar was mense wie se huise tot aan die nok in die water gestaan het, wie se skure ingesak het. Die kanale was toegespoel, en dit het weke se rugbrekende werk gekos om hulle weer oop te kry, met die gevolg dat die oeste wat buite die oorstroomde gebied geval het, toe weer van voor af droogte gely het.

Ja, die wel en wee van Kanoneiland is aan ons almal bekend. Minder bekend is die wel en wee van Strauseiland, Elimeiland, Warmsandeiland, Fostereiland; van Vreetmekaar, van Kateleiland. Ken u Swartpieteiland, Melkboomeiland, Klipkop- en Bankeiland? Het u al gehoor van Hanekamseiland, Kassape-eiland of Sarelseiland? Daar is letterlik dosyne en dosyne eilande onderkant Upington. Jy kan myle en myle ver van paalbruggie na paalbruggie tussen die goed bewerkte besproeiingslande deurvleg sonder om te weet wanneer jy op 'n eiland en wanneer jy op die oewer is.

Die Onderkomse eilande word hulle genoem – eilande van legendes en verhale. Lank voor Kanoneiland was hulle reeds betrek, onwettiglik. En waar die groot eiland onmiddellik probeer het om verbinding met die oewer te kry, het die Onderkomse mense dit so lank moontlik probeer vermy.

Hierdie afsondering het snaakse dinge aan sy mense gedoen. Hulle was vanselfsprekend ongeletterd. As 'n uitsondering kan 'n mens die bekende ou kluisenaar Roussouw noem, wat op Fostereiland in 'n grot gewoon het met 'n swartslang as sy beste vriend. Dié oom was uit goeie Piketbergse familie, maar het ná 'n liefdesteleurstelling tot sy dood in afsondering op die eiland gewoon. Hy is die man by wie die ander eilanders gesien het hoe om die granietrotse van daardie deel uit hul land te kry. Hy het hulle geleer om vuur teen so 'n klip te maak en hom dan nat te gooi. Dan bars die graniet in skerwe wat met die hand uitgedra kan word. Hy het sy landjies omtrent net bewerk om kos te kry vir die talle bokke en wild wat sy eensaamheid met hom gedeel het.

Daar is van die ou eilanders wat meer as een vrou gehad het. Ander families het op merkwaardige manier ondertrou. Vandag nog woon op een van die eilande drie mensies, 'n broer en twee susters: Kootjie, Alie en Martjie Mans, wat die produk van sulke ondertrouery is. Hulle is nie langer as vier voet nie en het ekstra vingertjies aan die hande. Hulle is nie dwergies in die sin wat gewone dwerge dit is nie. Hulle is net kleiner in alle opsigte as ander mense. Hulle is eenvoudig ongeletterd, maar glad nie vertraag nie.

Hulle was kinderlik opgewonde die dag toe ons hulle besoek het, want hulle het gedink ons kom hulle haal om vir die Nasionale Party te gaan stem. Stemdag elke vyf jaar is 'n dag van groot betekenis vir hulle. Dan word hulle gehaal en veroorsaak vanselfsprekend 'n hele beroering by die stembus.

Stralende ou gesiggies het hulle. Alie, die skame, kom nie eintlik vorentoe nie, skuil so agter die deur rond, maar as daar gevra word na ouderdomme en dinge is dit sy wat die korrekte gegewens van agter die deur uit brom. Martjie is die jongste, nou vyf-en-sestig, sê Alie. Sy was dertig jaar oud toe sy die eerste keer 'n winkel gesien het – die plaaswinkeltjie op Friersdale. Hulle bly lekker in hul sementsteenhuisie met sy rietkombuisie.

Toe ons loop, moes ons hulle beloof om te kyk of hul name nog op die kieserslys is en tant Martjie het my, met een van haar vingertjies oor haar mond en haar oë vurig opgeslaan, beloof dat hulle nooit, nooit vir Engeland sal stem nie.

Ek het die dae daarna nog aan Martjie Mans gedink. As sy lag – en dit is dikwels – slaan sy haar twee hande in mekaar, vou haar oor en draai in die rondte van plesier. Sy het haar lewe lank water gelei soos 'n seun: net altyd opgepas dat die leivoor haar nie wegspoel nie. Om die woord van haar waarheid te sê, soos ons haar daar sien, was sy altyd haar oorlede vader se touleier. Die osse skrik nie vir haar nie.

Martjie Mans is die vier voet hoë deel van elke mens wat vry en ongebonde en jonk is. In die gewone mens stert dit met die jare. By haar het dit gebly, is dit alles.

Die lang arms van die partypolitieke organisasies het meer as net die Manse uit hul skuilplekke geruk. Dit was glo nie 'n bietjie se stryd om party van hierdie mense te kry om te kom stem nie. Hulle teken nie hul name met 'n kruisie nie, was een argument. Daar is van hulle wat met kombers en bondeltjie op die rug bewende by die stembus afgeklim het. Hulle was doodseker dat iewers in die doodsnikke van die stemmery 'n tronksittery sal wag.

Daar is tant Annie, wat dit as 'n uitdruklike voorwaarde vir haar stem gestel het dat advokaat Conradie vir haar 'n Hansard moes stuur – al baie daarvan gehoor, al. Dis beloof, en sy het gaan stem. Maande en maande later kom haar man, oom Kerneels, toe eers weer by die winkel. Daar word hom 'n streepsak boeke aangewys as synde die boeke wat tant Annie georder het. Die stomme oom moes die sware vrag die drie myl huis toe oor die gevaarlike hangbrug brommend en steunend dra. Tuis smyt hy die spulletjie voor die verslae tant Annie neer. Sy had gedag die Hansard is iets op die geaardheid van 'n sakboekie. Enetjie. Daar sit hulle toe met die vrag goed. En nie een van hulle kan lees nie.

Baie, baie lank het hulle nooit naby die winkel gekom nie, te bang daar wag 'n tweede vrag.

Langs die oewer lê die bekende nedersettings van Kakamas, Keimoes en Onseepkans. Verder op lê Groblershoop. Dit is Kakamas, wat deur die NG Kerk in die begin van die twintigse eeu begin is, waar die revolusionêre geelperske ontwikkel is. Dit is die Arbeids Kolonie Kommissie Winkel se bestuurder, meneer D. Kuys, wat die sultanadruif na die nedersettings gebring het. Kakamas beteken in die Korannataal "slegte weiding".

Ook die Boegoebergskema is in die depressiejare begin. Om 'n beeld te kry van die ellende wat daardie dae onder die mense geheers het, moet 'n mens gaan gesels met mevrou Dot Calitz, wie se man destyds vir Boegoeberg se kinders moes skoolhou. Die mense was nie net arm nie, sê sy, hulle het vertroue in hulself verloor. Deur die skool, die verenigingslewe, die kerk, is die opvoedingswerk moeisaam voortgesit tot die eerste oeste kon inkom, die eerste skredes na onafhanklike bestaan moontlik was.

'n Mens hoor selde van Louisvale wat miskien die heel skilderagtigste van hierdie besproeiingsgebiede is, seker omdat Louisvale buite die gevaar van vloedwaters lê en dus nie die sensasieberigte haal nie.

As jy met die brug by Upington oor die rivier gaan, ry jy 'n goeie agt, tien myl skuim van die rivier af weg, áf langs hom. Dan, afgeskei van die rivier deur 'n klipperige maanhaarrant, kry jy Louisvale. Dit is 'n lang vlei van twaalf myl wat parallel met die Oranje loop en gevoed word deur kanale bo uit die Oranje. Aan jou linkerkant lê die swartgebakerde vuurklipbulte met asbos en vermeerbos van die droë Noordwes, en dramaties reg voor jou af die lowergroen, tafelgelyk vlei waarvan elke duim grond onder sultanapriële en lusern lê. Hier en daar staan klompies reuselemoenbome, winters gelaai met hul goue vrugte; appelkoosbome so groot soos seringe, vye, perskes ... rivierolienseringe groei daar nog, en so elkers 'n ry statige graf-sipresse langs 'n watervoor.

Moderne opstalle verrys daar tussen die platdakhuisies met hul versierde parapet voor wat dateer uit die dae van die staatshulp aan die skema toe plat dakke in die kontrakte voorgeskryf is.

Louisvale het 'n heel besondere voorgeskiedenis. Dit het oorspronklik uit 'n hele paar plase van sekere Steyn, Basson en Nel bestaan. Maar in 1914 is die grond deur

Frank en Dan Biggs, twee broers, opgekoop. Hulle het die moontlikhede van kanaalbesproeiing uit die Oranje nagegaan en vir hulle 'n kanaal laat uithaal. Dis by hierdie bouery wat oom Piet Viviers, een van die baanbrekers van Louisvale, op sy voete gekom het. Hy het naamlik op Kakamas by die bouwerke van die twee ou Switsers Kraushaar en Hankgarten geleer om met sement te werk en toe hier op Louisvale die bouwerk by die kanaalsluise kom doen teen sewe-en-ses per dag. Sewe maande lank daaraan gewerk.

Die twee Biggs-broers het spoedig besef dat hulle die vallei nie alleen sou skoon kry nie. Dit was destyds 'n sleep huis hoë duine, verstik van rivierolien, karee en bloubos. Hulle begin toe om hul grond op 'n soort tendergrondslag uit te gee aan mense om skoon te maak, met dien verstande dat hulle later geleentheid sou kry om dit te koop.

Die grondskoonmaak was 'n ontsaglike werk om te onderneem, want niemand het toerusting gehad om dit mee te doen nie. Gewoonlik net 'n paar donkies en 'n byl. Daar het talle mense begin skoonmaak, maar min kon bly tot die tyd wanneer hulle van die skoongemaakte grond te koop kon kry. Dié wat wel kon deurbyt, kon koop teen honderd pond per morg, 'n miljoenêrsprys vir daardie dae.

In die koopkontrakte was daar allerlei servitute. Jy kon byvoorbeeld net saai en plant wat aan jou voorgeskryf word. Alles sou waarskynlik tog vir 'n pagter die moeite werd gewees het as daar maar 'n mark was vir die produkte wat gekweek is. Maar Upington was in daardie jare 'n klein plekkie wat net met 'n pont en 'n byna onbegaanbare paadjie bereik kon word. Die enigste dinge wat 'n mark kon haal, was dinge wat 'n onbepaalde tyd op 'n donkiewa sou goed bly.

Al die ou pioniers praat met bitterheid van die varke wat hulle by die troppe van kant moes maak omdat daar niemand was wat hulle wou koop nie; van appelkose wat in hope gevrot het of, gedroog, vir twee sjielings 'n streepsak op Wellington verkoop is. Die enkele ou lemoenbome, die appelkoos- en perskelanings wat tans nog soveel skilderagtigheid aan Louisvale se landskap verleen, is almal herinneringe aan die mislukkings uit die vroeër jare.

Oom Eloff Conradie, wat in 1915 as jong seun op Louisvale aangekom het, onthou nog die eerste skooltjie wat van spaansriet aanmekaar geflans is. Die wind het so daardeur gewaai dat die boeke bo van die tafels af gewaai het. Hy onthou gesinne wat te voet met net 'n paar donkies daar aangekom het, by die ander hoewebewoners rond gewerk het teen drie sjielings en ses pennies per dag en swerf-swerf ná 'n paar maande weer in die pad geval het, nugter weet waarheen.

Eers in die jare twintig, toe die Regering ingetree en lenings aan boere begin verskaf het, het daar bestendigheid gekom.

Louisvale het, net soos die ander besproeiingsgebiede, die sultanadruif leer plant. Vandag is die vallei welvarend en vooruitstrewend, die geledere van die inwoners aansienlik aangevul deur latere intrekkers.

Die sultanaboerdery is veeleisend, maar interessant. Kom jy in die winter daar, is dit die snoeityd. Sultanas word nie soos ander wingerd gesnoei nie. Aan 'n korterige moederstam word twee of meer lang ranke gelaat en dit word in lang toue om die gladdedraad-prieelheinings gevleg. As die druif bekwaam is, word hy gepluk, by die mandjie vol in die loogoplossing gedruk en uitgegooi op sifdraadmatte om te droog. Hierdie stellasies staan in vakke by elke opstal. Is die sultanas droog genoeg, word dit deur die sifdraad gevryf in skinkborde en op sement-bleikbane uitgegooi en omgekeer om die regte graad van klammigheid te kry. Daarna word dit na die moderne fabriek op Upington gebring waar die sultanas gewas, gesorteer, geolie en verpak word.

Met die standvastige watervoorraad uit die Oranje is ontydige ryp en reën die boer se grootste vyande. Hier van September af gaan 'n besproeiingsboer nie lig van die huis af nie. Want val die termometer die nag hier teen twaalfuur se kant, dan moet man en mens uit. Tussen die wingerde staan op reëlmatige afstande die konkas met ou motorolie of saagsels. Met 'n kannetjie word paraffien bo ingegooi en die olie aan die brand gesteek. Dit is hierdie rook wat die ryp van die vroeë oggendure verdryf. Is die sultanas eers op die bane, dan word die kleinste wolkie met angs dopgehou en is daar tekens van reëns, moet almal saam help opskep in sakke.

Die besproeiingsboer leef van leibeurt tot leibeurt. Vanselfsprekend dat, as jou leibeurt vannag om twee-uur tot môreoggend om twaalfuur is, jy vannag twee-uur stiptelik uit die vere is om te begin lei. Jy lei wingerd anders as lusern. Die slikwater waarmee gelei word, stoot die grond geleidelik hoër en hoër sodat jy later probleme by die uitkeervoor het. Dan is jy verplig en spoel die boonste laag van jou grond met 'n volle stroom water heeltemal weg tot jy weer 'n gerieflike hoogte het.

Hier en daar op Keimoes en Kakamas staan daar nog van die ou oorspronklike waterwiele waarmee die water uit die kanale in die afleivore geskep is. So 'n wiel, ses na agt voet in deursnee, is oor 'n kanaal aangebring. By elke speek van die wiel is 'n bakkie wat waterskep as die wiel draai en dit met die oorkom in 'n dwars geut uitstort. Leë en vol bakkies laat die wiel aanhou draai. Dit is verbasend om te sien watter groot strome water op hierdie wyse uit 'n kanaal gelei kan word. Maar soos dit maar oral gaan, het enjins die mooi ou wiele vervang.

Dit is indrukwekkende mense, hierdie geharde ou besproeiingsboere van die Oranje. Ek het selde in my lewe mense met soveel rustigheid en selfvertroue teëgekom. Die boerderymetodes is uitgetoets en vasgelê binne die raamwerk van beperkte hoewes. Daar is nie raaiwerk of mal skemas nodig om te bestaan nie. Net harde werk en die selfbeheer om die tering na die nering te sit. Besit die boer hierdie twee eienskappe nie, bly hy nie lank daar vashou nie. Gaan haal hom daar weg by sy waterleiland, en hy ontvang jou as goeie gasheer in sy huis, waar alles met skuifdeure en vensterafdakke en koeltebome ingerig is om die versengende somerhitte van die Noordweste te trotseer. Jy vind hom op hoogte van landsake, bedaard oor strominge, bloot geamuseerd oor manifestasies van die moderne lewe. Hy gesels maklik oor die mees uiteenlopende onderwerpe. Hy kan nog stories vertel. O, watter stories het ek nie daar gehoor van jagtogte en diamantsmokkelary en ontberings in die woestyn nie!

Baie van hierdie boere het ondervinding van die diamantvelde. In die swaar jare het baie van hulle maar daar 'n verdienste gaan probeer kry. Deur te delf, maar somtyds ook op ander maniere: By Lichtenburg, in Suidwes, by die staatsdelwerye in Alexanderbaai, waar jy met 'n kortbroek en frok moes staan en werk, somer en winter, sodat diamante nie iewers in jou klere kan "vashaak" nie. Maar ook op ander maniere. Dit was 'n gebruik, het een oom my vertel, om 'n kleim by Brakfontein of Swemkuil te koop. Daar is wel omtrent niks in nie. Maar dan kry jy jou diamante elders, onwettig, en sit hulle in jou kleim.

Port Nolloth, dit was eintlik die plek waar jy hulle te koop kon kry. Daar was toe delwery. Jy het jou dae waarop jy gaan. So 'n halfmyl van die draad gooi jy 'n graaf sand in die lug op. As die delwers van hulle kant ook 'n graaf vol opgooi, is dinge in orde. Dan kom jy nader, die tamatie begin werk. So nie, kry jy jou ry.

Iemand het my vir die waarheid vertel dat hulle sebrahoewe onder hul voete vasgebind het. Dan gaan hulle twee-twee saam om te gaan koop. Hulle het dan hulself geleer om só te loop dat dit lyk of dit 'n sebra is wat daar geloop het.

Op Port Nolloth het hulle die diamante gekoop teen 'n pond 'n karaat en op Lichtenburg gaan verkoop teen vier pond 'n karaat. Dit klink na voorspoedige besigheid. Tog het bitter min mense 'n fortuin met diamante gemaak. Daarvoor was die polisie in hul groot ou Buick-motors te gou op 'n spoor, te uitgeslape. Daar word nou nog met ontsag gepraat van 'n diamantspeurder met die naam Andrew Dixon.

"Ag wat, man, jy kon niks uitvoer nie, jy is te veel gekul," het 'n oom my verseker, wat ook op sy dae toe hy nie 'n "senuwee in sy liggaam had nie", met die dingetjies gepeuter het.

"Nou moet jy weet," vertel hy, "dié soort transaksie is in die nag gedoen. Jy moet alleen gaan. Dié wat verkoop, is twéé. Jy sit in die middel. Die een regs van jou, hou jou regterhand vas; die een links van jou gooi die diamante in jou regterhand. Dan trek hy die vuurhoutjie. In die tyd dat die vuurhoutjie brand, moet jy jou berekening maak wat dit werd is. Met jou linkerhand moet jy die geld uithaal en gee, terwyl die een regs van jou nog altyd jou regterhand met die diamante vashou. As die vuurhoutjie dood is, los almal en vlug sy eie koers in.

"Nou hoeveel kere as jy met jou diamante by die huis

kom, is dit stukkies glas? Hulle was so skelm daarmee. Hulle slyp hom met 'n emerywiel en dan kook hulle hom in melk. Al genade is om op hom te byt. As jy hom nie kan stukkend byt nie, is dit 'n diamant." Maar nou het die kopers darem ook hul planne gehad. Hulle draai een pondnoot om 'n sigaretdosie dat dit soos 'n hele rol note lyk!

Op die voorstoep van sy huis gebou op 'n rand wat in Louisvale-vallei van die dwarste af inskiet, vertel oom Izak Viljoen, een van die baanbrekers van die besproeiingswêreld, my hoe 'n pionierslewe werklik was.

Hy en sy goeie vriend Hansie Nothling het 'n ruk in Suidwes gaan werk. Eerste baas was 'n man met die naam Basson. Hulle kom op 'n oggend by hom en hy kla van tandpyn. Hy wil die tand nou uittrek en hulle moet hom help.

Hy neem hulle na 'n pakkamertjie 'n entjie van die huis af waar hy sy mieliesakke bêre. Hy het 'n swart dokter laat kom, en dié sou die tand vir hom uitslaan.

Daar is die dokter dan toe nou ook. Alfeus was sy naam. 'n Groot fris man, sê oom Izak. En dié gaan dan nou die tand uitslaan met 'n deurslag. Wat? Ja-nee, maar dis maar die een wat sulke werk daar doen. Hulle gaan toe in die pakkamertjie in.

Alfeus had 'n hamer, 'n vierpondhamer sonder steel en 'n deurslag. Basson gaan op sy rug op die sakke lê, en oom Izak moet sy twee vingers in Basson se oorgate druk dat die slag nie so kwaai is nie. Hansie Nothling moet sy voete vashou. Alfeus sit die deurslag teen die tand en slaan. Eers drie houe buite aan die wangkant van die tand. Toe sit die tand nog net so. Daarna het hy hom van die binnekant af geslaan. Ná die derde hou wat hy slaan, slaan hy hom plat. Steek sommer sy vuil vingers in en draai die tand uit.

Hansie Nothling het eers 'n draai geloop, so aardig was hy, vertel oom Izak. En hy sê toe: "Nee, magtie, jong, so kan dit nie aanhou nie." Hulle het toe aan hul neef geskryf wat tandarts was op Robertson, en dié het vir hulle 'n tandetrekker gestuur. Vir die wyle wat hulle in Suidwes was, was hulle dan toe ook die professionele tandetrekkers van die gebied.

En Basson? Die derde dag ná die tandslanery moes hulle met hom hospitaal toe jaag. Sy keel toegeswel. Hy het inflammasie gekry in die plek. Die dokters sê dit was so hittete of hy was dood.

Rebellie, swaar jare, diamante, landsake – daaroor gesels die Grootrivierse besproeiingsboere graag, maar onvermydelik en immer weer sal die gesprek terugkom op die ou taai man daar anderkant, die Grootrivier, met wie se luime en grille hul bestaan so nou verbonde is. Elke gebeurtenis, elke verhaal uit die verlede word onderbreek deur Grootrivier se reaksie daarop. "Dit was in vier-en-dertig," sal die beskeie Gert Engelbrecht 'n vertelling inlui, "toe ons die tweede groot vloed hier gehad het. Sewe-en-vyftig van ons en ses-en-negentig diere was agt dae op 'n halfmorg grond hier op Kanoneiland vasgekeer. Onder die diere was daar toe die gruwelike ou bokooi. Elke ding wat 'n mens byeen bring om te eet – as jy jou draai, dan het die bokooi dit opgevreet. Ek kan jou nie sê hoeveel keer die mans onder mekaar besluit het om haar in die stroom te stamp nie, maar op die een of ander manier kon ons net nooit nie. Soos ek gesê het, dit was in vier-en-dertig."

Of sy vrou sal aanvul met: "Nou in sewe-en-sestig. Ons was Kaap toe, en dis toe ons terugkom wat die vloed toe op sy ergste was." Net hul huis, wat op 'n aartjie gebou is, het uitgesteek. Ná baie gesmeek het hulle 'n helikopter oorreed om hulle by die huis, net voor die stoep, af te laai. En daar het hulle gebly tot die water gesak het. Nee, hulle was darem nie bang nie – het geweet dit kan darem nie veel hoër kom nie. Het maar stokkies ingesteek om te meet. En daardie môre, sy sal dit nooit vergeet nie, dit het net mooi lig geword. Toe sy so uitkyk by die venster, toe sien sy daar doer, waar die land so effens lig, steek die eerste luserntoppie uit. En sy het by haarself gedink dat dit moes wees hoe Noag gevoel het die keer toe die duif die eerste blaartjie na die ark teruggebring het.

Hulle weet alles van die rivier. Hulle hoor aan sy geraas of daar onweer aan kom is. Hulle sien aan sy modderneerslag hoe dikwels hulle moet lei. Hulle weet presies hoe dik die water moet kom voor 'n draaiwater agter die eiland jou sal intrek. Hulle swem hom in alle jaartye op alle dieptes, hulle wat hom ken, soos Gert Engelbrecht en Tiens Moller en Fanie Malan.

Met die vloed van sewe-en-sestig het ons in die koerant gelees van 'n man wat deur die rivier geswem het toe die brug al byna onder water was en wat saam met die water onder die brug deur geduik het, en so meer. Die koerante het 'n groot ophef gemaak van wat hulle sy Tarzanstreke genoem het. Ek was vasbeslote om eendag kennis te maak met hierdie Tarzan, wat die naam Fanie Malan dra.

Toe hy eindelik voor my staan, sien ek 'n kort, skraalgeboude man met 'n fynbesneë intellektuele gesig, 'n bekende prokureur op Upington. En wat hom die Grootrivier op daardie tydstip laat deurswem het, was in geen opsig vertoonsug nie.

"Ek swem hom altyd," sê hy. "Maar as hy in vloed is, kan ek myself nie keer nie. Dit kriewel in my. Hy roep my uit elke venster." Hulle huis sit hoog teen die wal met 'n onvergelykbare uitsig op die stroombed van die Oranje. En hy het my toe vertel dat hy in daardie betrokke week toe die vloed op sy hoogste was, die rivier ses keer deurgeswem het, maar die laaste keer 'n paar verkeerde berekenings gemaak het wat hom byna sy lewe gekos het. Gewoonlik weet hy presies hoe hoog op om in te val, hoeveel om toe te gee vir afdryf, hoe vinnig om te swem om 'n lewensgevaarlike draaiwater te mis en hoe ver hy op teenstromings kan reken.

Maar daardie Saterdagmiddag het hy nie besef nie dat 'n droë rivierloop bokant Upington by Keidebees, wat binne menseheugenis eintlik nog nooit geloop het nie, reeds die Oranje met 'n geweldige sterk systroom bereik het. Hy is van koers gedryf en is gesleur na die motorbrug waarvan toe nog net vier voet bo die water uitgesteek het. Hy het probeer om vatplek aan die brug te kry, maar die geweld van die water het hom afgeruk en onder die brug ingesuig. 'n Mens kan maar 'n vae voorstelling vorm van die krag waarmee die water deur die brugboë soos deur 'n geweldige tregter gesuig word, van die geweld waarmee dit onder die brug weer uitskiet en in die stroom ingeslinger word. Die maling en draaiings kan omtrent die beste vergelyk word met 'n waterval in vloed. Dit is hierdie soort vloed wat laer af in die Oranje by Augrabies uit die soliede graniet koeëlronde maalgate uitgemaal het.

Niemand weet hoe meneer Malan lewendig onder uitgekom het nie. Maar hy het. Deur die genade van Bo sal hy ruiterlik erken, maar ook omdat hy 'n baie sterk swemmer is en kom uit die Lutz-familie, wat nou al drie geslagte lank Grootrivier swem: veral aangesien en suiwer omdat hierdie rivier die slegte manier het om vir hulle aan te hou roep vanuit elke venster. Dit is die Malans wat al sedert 1942 boekhou van die waterstand en slikmonsters na die Departement van Waterwese op Louisvale stuur.

VAKANSIE OP S-SE-B

Louisvale sien 'n mens maar selde op 'n kaart, hoewel hy 'n sierlike NG Kerk het, ook 'n poskantoor, 'n winkel, 'n wit laerskool met twee-en-negentig leerlinge en 'n kleurlingskool. Ek het op die swaar manier geleer dat 'n kaart van die Noordweste 'n betreklike waarde het.

Dis nou al 'n hele paar jaar dat my kinders se pa dreig om ons te neem na 'n vakansieoord aan die Oranje met die naam van Skroef-se-Bad. Dit is 'n warmwaterbron dig teen die rivier, met (soos alle plekke in die Noordweste) 'n boeiende voorgeskiedenis. Die troepe wat van die Rebelliegevegte aan die Oranje teruggekom het, het glo stories vertel van 'n warmwaterbron wat iewers tussen die onherbergsame bergklowe onderkant Augrabies lê.

Toe die Regering plase in daardie omgewing tot die beskikking van boere stel, is 'n plaas met die naam Warmbad deur ene oom Skroef Kotze gekoop. Hy het die naam Skroef gekry omdat hy so handig was met alle soorte skroewe en masjiene. Maar op die plaas was daar geen beduidenis van 'n warmbron nie. Oom Skroef het egter tereg aangeneem dat waar 'n rokie is, ook 'n vuurtjie moet wees, en na die warmbron begin soek.

Nou het die werkers gemerk dat daar 'n sekere sandkol langs die rivier was wat op koue nagte gereeld deur die vee opgesoek is. Hulle sou van ver af aan wei net om saans dáár te kan slaap. Dit is waar jou warmbron moet wees, het oom Skroef besluit en daar laat grawe. Vier voet onder die sand het hy die warm water gekry. Nou is Skroef-se-Bad die vakansieoord van die Noordwesters.

Maar Skroef-se-Bad is nie op die kaart nie. Ek het 'n groot geloof in padkaarte. Hulle is my enigste beskerming teen my Kinders-se-Pa se manier om nooit reguit na plekke te ry nie. As hy 'n draai van honderd myl na 'n plek kan ry, doen hy dit.

Daarom, vóór enige rit wat ons aandurf, stel ek hom voor getuies – vyf minderjarige kinders – voor 'n padkaart. Daarop moet hy vir ons elke beweging verantwoord. Ons skryf die roete af en as hy op pad voor versoekings wil swig, hamer ons gesamentlik en afsonderlik en aanhoudend teen sy deure. Ons infiltreer sy gemoed en saboteer sy planne en verrinneweer sy persoon – alles om hom terug te dwing na die voorafbepaalde weë.

Voordat iemand hom te erg bejammer, moet ek miskien verduidelik waar ék my knou gekry het met dié soort dinge. Toe ons die tyd gaan trou, het ons albei gewerk en kon net agt dae verlof kry. Daarom het ons gesamentlik besluit om na Oos-Londen, ons naaste vakansieoord by die see, vir ons wittebroodsdae te gaan. Die langste moontlike tyd sou daar wees vir goue dae op sonnige strande, dus. Ek kyk toe nie self op die kaart hoe ons sou ry nie. Want hy sê die pad loop sus en so, en ek glo wat hy my sê.

In plaas van die aand halfelf in Oos-Londen aankom, soos alle ander mense, kom ons twee dae later daar aan – twee gebreekte waaierbande en 'n verlore petroltenkdeksel, met my "Going aways" salpeterkolle oor die blaaie uitgeslaan en al ons kosbare kleurfilms vermors op strooise, klipkranse en garingbome. En byna vergaan van dors ... soos hy nou afgedraai en al langs ons ooskus ontdekkingstogte onderneem het.

Toe Kinders-se-Pa nou aanmekaar praat van Skroef-se-Bad, bring ek die kaart. Dis nié daarop nie. Maar hy wys met 'n ergerlike voorvinger op 'n sekere plek waar die Oranjerivier se stroom besonder bewerig geteken is. Hy wys heen en weer en op en af oor 'n blokkie omtrent twee duim in deursnee. Ná baie jare van getroude lewe en baie vakansies saam, weet ek presies wat dit beteken. Maar ek is taaier as wat die meeste mense dink. Ek het Kinders-se-Pa liewer as wat dit op die oog af lyk.

Ek het toe maar begin om aan my kinders te werk: hulle geesdriftig te kry vir die saak. Ek het 'n Skroef-se-Bad met dadelpalms, pretparke en koeldrankstalletjies opgetower. Alles wat ek in reserwe het aan retoriek en verbeeldingskrag het ek gebruik, want ek het geweet ons gaan les opsê binne daardie tweeduimblokkie op die kaart.

Ons het tot by ons familie op Louisvale gery. Hulle het

al dikwels by Skroef-se-Bad vakansie gehou. Hulle is geesdriftige Skroef-se-Badders, om die waarheid te sê.

Hoe is dit met die kookgeriewe gesteld, vra ons. Soos in die wildtuine?

"O nee," verseker hulle ons laggend, "heerlike ou piekniekstyl. Die mans gaan haal die vuurmaakhout en maak self die vuur. Moet julle nie bekommer nie, ons sal vir julle 'n rooster saamgee."

Vuurmaakplekke?

"Ag nee wat, die mans maak sommer kampvure. Nee man, ons sal vir julle 'n koffieketel saamgee. En borde en messe en vurke. En beddegoed en slaapsakke. Die mans slaap gewoonlik sommer buite. Of in tente."

En water?

"Ag nee wat, die mans gaan trek dit by die handpomp. Heerlike ou warm bronwater direk uit S-se-B. Moenie vergeet om 'n kers en vuurhoutjies saam te neem nie. En 'n flitslig. Die mans se jy-weet-wat is maar 'n hele ent van die kamp af, en daar is natuurlik slange en skerpioene!"

Hoe meer hulle praat, hoe stiller word dit hier aan my regterkant waar K-se-P hom sit gemaak het, soos die Noordwesters sou sê. En toe ons alleen kom, sê hy vir my dat hy nou vas besluit het om nie meer Skroef-se-Bad toe te gaan nie.

Ek kon my ore nie glo nie. Dit was maar meer 'n grap as iets anders, sê hy. Ek meen, die ding is nie eens op die kaart nie. Ensovoorts, ensovoorts. Miskien het ek dit al genoem dat, ondanks avontuurlus, K-se-P die verdere eienaardigheid het dat hy vuurmaak en vleis braai en slaapsakslaap erger vrees as die pes.

Maar ons het nie met die kinders rekening gehou nie. Sterwend of lewend wil hulle toe gaan. Hoe ons S-se-B se luister ook al aftakel – niks palmbome nie, niks koeldrank nie, mens se jy-weet-wat waar in die grammadoelas, slange – maar gáán, die wil hulle. En ek self raak ook heeltemal te vinde vir 'n plek waar ek in 'n warm bad lê, terwyl K-se-P water pomp by die handpomp.

K-se-P gebruik toe sy hoogste troef. As ons gaan, gaan ons Springbok, Pofadder en Onseepkans om om daar te kom, want hy het mense wat hy daar wil besoek. Hy wys ons opsigtelik al die draaie op die kaart. Kan nie whôrrie nie. Hierdie een keer maak 'n ompad nie saak vir iemand nie.

Die oggend toe ons sou vertrek, lê een van die begeesterdste Skroef-ganers, ons seuntjie nommer 2, bont uitgeslaan van waterpokkies en doodsiek.

Maar wat wil gaan, is ons. Waterpokkies is nie die ergste wat 'n mens op vakansie kan tref nie. Altans nie geharde vakansiegangers soos ons nie. Maar dit volg darem nou logies dat ons nie nou al K-se-P se dreigdraaie sal kan ry nie. Nou reguit soos die kraai vlieg S-se-B toe, na die braaivleisvure en die handpomptrekkery toe.

By Bladgrond – in duidelik leesbare skrif op die kaart aangeteken – draai die kortste pad weg soontoe.

Ek voel besonder goed toe ons die oggend daar wegtrek en verkneukel my in die onverwagte kompensasies wat die lewe 'n mens bied. Reken, feitlik die eerste keer dat ons sonder babadoeke en bottels kan gaan vakansie hou. En reken, eintlik op pad na 'n plek waar ek in 'n warm bad kan gaan lê en ontspan, terwyl ander ... En wat die beste van alles is: Ons gaan sonder die gebruiklike ompaaie daar kom. Soos 'n koeël uit 'n geweer. Dis mý vakansie hierdie. Die hele pad.

Veral hou ek daarvan om die dik beduiwelde gesig van K-se-P hier langs my te sien. Ek hou daarvan dat 'n mens dit moet wys as hy seerkry. G'n niks die beste van 'n slegte saak maak en dapper glimlaggies opstel in die tande van teenspoed in nie. Jy moet jou nederlaag soos 'n skildvel dra, ratelend, en vir ander tot skrik.

Dis die oggend agtuur toe ons op Kakamas aankom. Ek stel voor dat ons stilhou en ons kosvoorrade hier koop. Ons weet nou daar is niks by S-se-B nie.

"Ons koop dit by Bladgrond se winkels," sê hy nors.

"Sê nou hulle het nie alles daar wat ons nodig het nie? Sal hulle brood en botter en sulke dinge hê?"

"As 'n mens by Skroef-se-Bad wil gaan vakansie hou, sal Bladgrond se winkels jou ook tevrede stel." Hy soek nou moeilikheid.

"Nou ja, goed, ou Pa, ons koop dit dan maar op Bladgrond," sê ek gesellig. 'n Mens kan 'n padda trap tot hy bars, onthou dit! herinner ek myself.

Ons ry deur.

En ons ry. En ons ry. Volgens die kaart moet ons eers 'n plek genaamd Nabies kry. Naderhand het ons 'n duiwelse ent, selfs vir die Noordweste, gery sonder om Nabies te kry. Eindelik besluit ek dat ons nou selfs vir Bladgrond te ver is. Terwyl ek nog sit en wonder waar ons verdwaal het, kom ons by 'n uitdraaipad na Skroef-se-Bad. Ons hou stil. Ons probeer nou twee en twee bymekaar sit.

"Volgens alle amptelike aanwysings," sê K-se-P, "is ons nou op Bladgrond."

Ons kyk rond. Ver regs van ons steek die Oranje se grillerige bergkoppe uit, maar hier is ons op die tipiese Noordwesvlak: gelyk soos 'n tafel, veertien dae vorentoe en veertien dae terug. Maar ons, hier, is so effens in 'n duikie met kameeldoringbome.

"Bladgrond," sê ek met die dun stemmetjie wat ons vroue vir ons finale oorwinnings bêre, "is dit nie waar ons die voorrade vir Skroef-se-Bad sou koop nie?"

"Die winkel is seker net 'n entjie verder," sê hy met verbete ergernis. "Plekke is in dié wêreld nou net nie so aanskoulik soos elders nie." Hy loer in elk geval versigtigheidshalwe weer op die kaart: Ja, Bladgrond staan dit. Groot skrif. Alles.

Ja, seker net as ons die duikie uit is.

Ons ry die duikie uit. Niks. Veertien dae vorentoe, veertien dae terug. Ons draai terug. Daar was nóg 'n huisie 'n entjie terug. Ons sou daar gaan vra.

Dit is 'n klein, drievertrekhuisie met pampoene op die dak, 'n sinkplaat oor sy skoorsteen en 'n bokkraal. Heeltemal skilderagtig, reg vanmelewe se Noordwes. Langsaan staan 'n klein monteerrondaweltjie. Die winkel strakkies?

'n Groot, swart ou kruppel hond kom uitgehink. Sy voorpoot was af, het maar weer so skeef-skeef aangegroei. 'n Poot minder of meer maak nie op hierdie stukkie van Bladgrond saak nie. 'n Ou oom kom agterna gehink, net so kruppel soos die hond.

K-se-P groet. Baie vriendelik om nou nie enige kans op 'n gelukkige einde te vertroebel nie.

"Kan Oom my miskien sê waar kry ons Bladgrond?"

"O. Nee, dis Bladgrond dié." (Ditsem, ek het mos gesê.) "Ja, dis nou Bladgrond dié."

"O so. O, Oom sê dis nou Bladgrond. Die hele ene?"

"Dis reg, ou vrind. Dis nou Bladgrond."

"O. Hier is nie strakkies 'n winkel, Oom?"

Die oom lag 'n geamuseerde, klein tandelose laggie. Tande maak ook nie veel saak op Bladgrond nie. "Nee."

"Nou waar is die naaste winkel, Oom?"

"Jou naaste is seker Kakamas. Of Pofadder. As jy wil."

K-se-P wys na die rondawel: "Nie dalk nie?"

"Nee. Dis die sentrale."

"Is daar mense in?"

"Nee. Net gasbottels."

"O."

Daar is nou vir my een van twee dinge om te doen. Deurdruk Skroef-se-Bad toe sonder kos, of die pad verder met al sy draaie ry in die hoop dat een van die ander grootgeskryfde dorpe 'n winkel sal hê. Ek het vaagweg die gevoel gekry dat ek my oorspronklike houvas op die vakansie begin verloor.

Die draai was darem net honderd-en-tagtig myl oor 'n los sandpad sodat ons dié aand sononder asvaal by die klein, ongekaarte S-se-B intrek.

Min geriewe was daar wel, maar baie geselligheid, baie bome en toe die aandstilte soos 'n doek tussen die skurwe rante neerslaan, hoor ons die Oranje agter die sandduin oor 'n klipplaat gesels.

Toe ons daar aankom, sit die ooms heerlik langs die ingang op hul veldstoeltjies en gesels. In normale omstandighede sou dit die ideale inlywingstoneel vir 'n gelukkige vakansie gewees het, want Kinders-se-Pa is dol oor ou ooms wat op veldstoeltjies oor die ou dae sit en praat. Maar ongelukkig het, soos die dwarsbalk van 'n skavot, die handpomp agter hulle teen die aandhemel afgeteken gestaan. Net soos hy dit verwag het, net groter en onheilspellender.

En daar was nié ingeboude braaiplekke nie en daar was nié swart werkertjies wat vir jou gaan hout optel en vleis braai nie, maar braaivleisvure het oral ook opgeflikker, terwyl stewige gesinshoofde met opgerolde moue die rook trotseer en deskundig die worse met langsteelvurke op die roosters rondstuur. En die handpomp vir koffiewater trek dat hy fluit. Hulle dek tafel, was vadoeke, organiseer kinders terwyl die vrouens afkuier na die baddens.

Die bron is vier voet ondergronds. Daarom het die

badmakers met daardie ontstellende sondernonsensgeit van die Noordweste die badkamers vier voet onder die grond ingegrawe pleks daarvan om die bronwater met kunsmatige middels bogronds te kry. Sodat jy min of meer die gevoel kry dat jy in 'n erdvarkgat afgaan as jy gaan bad. Jy word dit baie gou gewoond. Fantasties! Ek sou my lewe hier kan slyt.

Eindelik terug, kry ek K-se-P egter in ons donker kaia soos 'n Boeregeneraal in ballingskap by sy siek seuntjie sit. Hy het nie vuur of koffie of vriende gaan maak nie. Hy kruip weg. Hy help ons nie beddens opmaak of spinnekoppe doodslaan nie. Eerloos moet ons agter 'n toe deur ons blikkieskos eet en swyend kruip hy later met klere en al onder 'n ou kombers in: 'n berg geteisterde mensvleis.

Daardie nag het twee uit die sewe van ons gedroom ons val af by die Augrabies-waterval wat ons 'n paar dae tevore gesien het. Twee ander van die sewe het koud geslaap. Twee ander, die seuntjies, wou die stuipe kry toe ek hulle die volgende dag weer bad toe wou neem. Hulle het mos gisteraand gebad! Toe hulle besef dat 'n vakansie op S-se-B daarop neerkom dat 'n mens elke dag, nee, twee, drie keer op 'n dag sou moes bad, het die skille finaal van hul oë afgeval.

Met sulke oorweldigende persentasies teen my, was ek genoodsaak om die stryd gewonne te gee. Ons het opgepak. En ek moes my maar weereens berus in die wete dat ek nooit sal wen wat vakansies betref nie.

Nog essays deur Dot Serfontein ...

AMPER MY MENSE

Dot Serfontein se sonderlinge humorsin laat die Vrystaatse geskiedenis herleef op 'n manier wat die leser sal bybly. Sy vertel spitsvondig wat die hemelsbreë verskil tussen 'n Oos- en 'n Wes-Vrystater is. En staaltjies wat afspeel rondom die Anglo-Boereoorlog, die Depressiejare en die 1914-Rebellie, laat jonger lesers met nuwe belangstelling terugkyk na ons erfenis.

Serfontein omskep plat Vrystaatse vlaktes in 'n Wagner-operaverhoog met onvergeetlike legendariese helde daarop.
– Stoffel Cilliers (*Volksblad*)

ISBN 978-1-86919-322-5